KAREN WEBB

Heute gibt's
indisch!

KAREN WEBB

Heute gibt's indisch!

Die Lieblingsrezepte aus meiner Familie

südwest

Inhaltsverzeichnis

Vorwort	10
Typische Zubereitungsarten und Küchengeräte	18
Indische Gewürze	20

Salate, Chutneys & Raitas 24

Rohkost auf Indisch, mal knackig und herb, mal fruchtig-süß und immer mit scharfen oder würzigen Geschmacksnoten, dazu cremig-erfrischende Joghurtdips und sämige gewürzaromatische Chutneys

Brote & Snacks 44

Indisches Brot – kross oder saftig-weich, flach oder zu Bällchen gerollt plus würzige Saucen zum Dippen. Für den Hunger zwischendurch: gefüllte Teigtaschen oder knusprig ausgebackene Zwiebeln

Vegetarisches 64

Die ganze Vielfalt des Gemüsemarkts, begleitet von nussigen und würzigen, oft scharfen Aromen, Gerichte mit Tofu- und Frischkäse, Reis deluxe und Dals, die indischen Hülsenfruchtklassiker

Fleisch, Geflügel & Fisch 94

Butter Chicken, Currys, Vindaloo, Korma, Biryani – alle indischen Klassiker – und dazu jede Menge Crossoverküche mit indischen Gewürzmischungen zu Rind, Lachs oder Flusskrebs

Süßes & Getränke 130

Süßer Reis und kardamom-aromatischer Grießbrei, saftige Kuchen mit exotischen Noten, cremiges Eis, Obstsalat, fruchtiges und salziges Lassi – und natürlich: Gewürztee zum Abschluss des Mahls

Indisches Küchenlexikon	154
Register	158
Impressum	160

Liebe Leserinnen, liebe Leser,

vielleicht wundern Sie sich, dass ich nun auch unter die Kochbuchautoren gegangen bin. Aber zugegebenermaßen stehe ich nicht nur gerne vor der Kamera, sondern auch gerne am Herd. Für Familie und Freunde zu kochen, macht mir unheimlich viel Spaß. Ich muss gestehen, ich koche nicht täglich. Das erlauben die Terminpläne von »Leute heute« auch gar nicht. Aber an Wochenenden oder an Feiertagen, wenn Schwester, Schwager, Neffen oder Freunde zu Besuch kommen, dann packt mich die Kochlust. Dann werden Messer gewetzt, Pfannen geschwenkt, Gewürze gemörsert.

Die wichtigste Person an meiner Seite ist dann Mia. Sie hilft beim Einkaufen, beim Kochen, beim Kinderaufpassen. Sie kennt Rezepte aus dem Kopf, kann erzählen, zuhören, lachen und steuert mit ihrem Humor genauso viel zum Gelingen der Gerichte bei wie Salz und Pfeffer. – Mia ist meine Mutter.

Mit ihr zusammen habe ich dieses Kochbuch entwickelt. Es geht darin um die indische Küche. Mia liebt sie genauso wie ich. Sie, die gebürtige Oberbayerin, hat diese Küche vor 40 Jahren durch die Familie, in die sie eingeheiratet hat, kennen- und schätzen gelernt. Ihr Mann, mein Vater, war Angloinder.

Die ersten sechs Jahre meines Leben bin ich mit der indischen Küche groß geworden. Den Duft von Masala, Ingwer, Koriander, Chili und Kreuzkümmel, der durch unsere Wohnung waberte, habe ich noch heute in der Nase. Und an den großen Tisch, an dem sich unsere vielköpfige Großfamilie täglich zum Essen traf, denke ich manchmal wehmütig zurück. So klein ich damals war: Ich hatte begriffen, dass Essen mehr als nur Nahrungsaufnahme ist. Essen war für unsere kleine indische Community Geselligkeit und Unterhaltung, bedeutete Wärme und Zusammenhalt, vermittelte mir Urvertrauen. Alles Werte, die in der westlichen Zivilisation heute nicht mehr sonderlich hoch im Kurs stehen. Kinderarmut, der Zerfall der Mehrgenerationenfamilien, die Vereinzelung, der Trend zum Single-Leben – all das trägt dazu bei, dass diese Werte nicht mehr gelebt werden. Natürlich spielt auch die um sich greifende Fast-Food-Kultur eine wichtige Rolle. – Schade.

Ich weiß natürlich, dass ich diesen Prozess nicht aufhalten kann. Aber Ihnen die indische Küche schmackhaft machen, das möchte ich mit diesem Buch schon versuchen. Vielleicht trage ich ein bisschen dazu bei, dass es an Ihrem Esstisch bald so zugeht wie an unserem in den siebziger Jahren.

Dieser Tisch stand übrigens nicht in Indien, sondern in London. Dort lebten wir, dort spielten sich die Küchenszenen ab. Mein Vater war mit 19 aus Indien ausgewandert und nach England gekommen. Dort hatte er Mia kennengelernt, die in einem Hotel am Leicester Square in London arbeitete.

Die beiden heirateten und zogen in ein großes Haus im Stadtteil Harlesden, wo bereits die ältere Schwester meines Vaters mit ihren fünf Kindern und andere Mitglieder seiner angloindischen Herkunftsfamilie lebten.

Dort wurde ich geboren. Für meine angloindische Tante war ich, wenn meine Eltern arbeiteten, das sechste Kind. Sie kümmerte sich tagsüber um mich und versorgte nebenbei die ganze große Familie. Das heißt: Sie kochte. Und da in Indien auch morgens warm gegessen wird, stand Ellen, so hieß sie, meist schon früh am Herd, putzte Gemüse und backte Brot. Ich habe also bereits in der Babywiege die Düfte der indischen Küche aufsaugen können.

Indische Küche – was ist das eigentlich? Genau genommen gibt es diese einzige indische Küche gar nicht. Indien ist ein Vielvölkerstaat. Die 1,2 Milliarden Menschen in Indien gehören zahlreichen Bevölkerungsgruppen an, und jede hat ihre eigene Essenskultur. Gemeinsam ist allen Indern nur die Liebe zu Gewürzen. Gewürze sind das Herz der indischen Küche. Manchmal glaubt man, ganz Indien läge unter einer duftenden Gewürzwolke. Bestechend die Aromen von Ingwer, Koriander und Kreuzkümmel, dazu kommen Zimt, Nelken, Kardamom, Sternanis, Safran, Kurkuma (Gelbwurz) sowie grüne und rote Chilischoten. Früher wurden die benötigten Gewürzmischungen selbst hergestellt: die Gewürze erst geröstet und dann mit Messer klein gehackt beziehungsweise im Mörser pulverisiert, schließlich zusammen mit Öl zu Pasten verarbeitet. Ob Suppe, Reisbrei oder Fleischcurry – ohne eine Gewürzpaste geht nun einmal nichts in Indien. Allerdings stellt man gemahlene Gewürzmischungen heute nicht mehr selbst her.

Man kauft sie fertig. Auch die Gewürzpasten werden längst als Fertigprodukt angeboten, wobei ich dafür plädiere, sie selbst anzurühren. Sie schmecken einfach besser. Probieren Sie doch einmal die Gewürzmischungen, die wir Ihnen auf Seite 23 vorstellen, aus.

Ein Irrtum ist es übrigens zu glauben, dass die indische Küche wegen der zahlreichen Gewürze, die verwendet werden, scharf sei. Es gibt sie zwar, die »Hot 'n' spicy-Gerichte«. Aber der größte Teil der indischen Speisen ist eher mild gewürzt. Und auch in Mias und meinen Rezepten wird mit Chili eher sparsam umgegangen. So kann jeder selbst entscheiden, ob er noch mehr Chilipulver oder Chilischoten zu einem Gericht gibt.

Gemüse spielt in allen indischen Küchen ebenfalls eine große Rolle. Zwiebeln, Auberginen, Erbsen, Karotten, Tomaten, Paprika, Blumenkohl, Spinat, Okra und Kartoffeln sind allgegenwärtig. Oft bilden sie den Hauptbestandteil eines Gerichts. Vor allem Kartoffeln. Sie heißen in Indien – englisch geschrieben und ausgesprochen – »Aloo«, und sind keine billige Sättigungsbeilage wie bei uns, sondern geben vielen Gerichten den Namen. Beim Aloo Sabzi werden zum Beispiel Kartoffeln in der Pfanne mit Kurkuma, Senfpulver, Curry und grünem Chili gebraten. Fertig. Kein Fleisch, keine Eier, keine Zwiebeln und trotzdem lecker.

Vorwort 13

Oft wird behauptet, dass die indische Küche eine vegetarische, gar vegane Küche ist. Das stimmt nicht. Fleisch ist ein wichtiger Bestandteil der Essenskultur in allen Teilen des indischen Subkontinents. Aber Fleisch ist nicht so allgegenwärtig wie Gemüse. Es dient mehr als Beilage. Und wenn es Fleisch gibt, dann handelt es sich fast ausschließlich um Geflügel. Rindfleisch ist im überwiegend hinduistischen Indien tabu.

Wichtiger als Fleisch sind in Indien Brot und Reis. Brot wird vor allem im Norden Indiens gegessen. Anders als in Europa wird es in dünnen Fladen frisch im Ofen gebacken und wie eine Pizza heiß serviert, belegt mit kräftig gewürztem Gemüse und Joghurt oder mit einem Fleischcurry. Solche Roti-, Naan- oder Paratha-Brote hat meine Tante Ellen schon zum Frühstück serviert.

Im subtropischen Süden Indiens, wo es warm und feucht ist, stellt Reis das Hauptnahrungsmittel dar. Häufig wird der Reis einfach nur mit Gemüse, Knoblauch und verschiedenen Gewürzen angerichtet, in Westbengalen auch mit Fischcurry, im Süden Indiens mit Linsen.

Linsen sind in Indien genauso wichtig wie Reis oder Brot, vielleicht sogar noch wichtiger. Sie heißen Daal, und es gibt sie in allen Variationen: rot, gelb, grün, schwarz, braun. Bohnen und Kichererbsen werden großzügig zu den Daals dazugezählt. Daals sind reich an Proteinen und ersetzen vielen Indern das teure Fleisch. Daal Makhani ist eine Art indisches Nationalgericht: Linsen (oder Bohnen), vier Stunden in Wasser eingeweicht, dann gekocht und mit Tomaten, Zwiebeln, Knoblauch, Ingwer und einem ausgeklügelten Gewürzmix gaumenfein gemacht – ein typisches Gericht der Straßenküchen, das sich jeder in Indien leisten kann und das nahrhaft und gesund ist. Mit meiner Mutter habe ich dieses Rezept in vielen Varianten ausprobiert. Immer hat es lecker geschmeckt.

Ich selbst bin in meiner Kindheit und Jugend übrigens nie in Indien gewesen. Erst vor wenigen Jahren habe ich mich aufgemacht und erstmals das Land meines Vaters und meiner Tante Ellen bereist. Ich wollte ihre Wurzeln kennenlernen, die Kultur, der sie entstammen und die mich mitgeprägt hat. Meine und meiner Mutter Kenntnis der indischen Küche basiert allein auf unseren Londoner Erfahrungen, auf dem, was wir in unserer indischen Großfamilie erlebt, gekocht und gegessen haben. Sie, liebe Leser, werden jetzt vielleicht fragen, wie ich – kleines Kind, das ich damals war – all die Rezepte mit ihren Zutaten im Kopf habe behalten können. Natürlich habe ich sie nicht behalten. Und Mia hat sie auch nicht alle behalten. Die knapp 90 Rezepte, die sich in diesem Buch befinden, haben wir mühsam wieder zusammengetragen.

Ende der siebziger Jahre verließen wir London. Mein Vater und Mia sind mit mir nach Deutschland gezogen. Plötzlich kamen Rindsrouladen, Spätzle und Nürnberger Rostbratwürste auf den Tisch. Unsere neue Heimat war Franken. Mein Vater mochte die deutsche Küche, und meine Mutter war eine gute Köchin. Was sie auf den Tisch brachte, schmeckte wunderbar. Aber die Sehnsucht nach der indischen Küche erlosch nie. Gemüse, Reis, Linsen und Brot gab es zwar auch in Deutschland.

Vorwort 15

Aber die Gewürze fehlten. Asia-Läden, wie wir sie heute kennen, waren damals noch rar, und ohne Gewürze kann auch die beste Köchin kein indisches Gericht zaubern. So machten wir es uns zur Angewohnheit, vier- bis fünfmal im Jahr nach London zu reisen. Weil Fliegen zu teuer war, fuhren wir mit dem Auto. In erster Linie wollten wir natürlich unsere Verwandten besuchen. Aber wir wollten auch einkaufen. Auf den Einwanderermärkten und in den Asia-Shops Londons fanden wir alles, was das Herz einer indischen Hausfrau begehrt. Der Kofferraum des alten Mercedes war, wenn wir zurückfuhren, voll mit Tüten von Kreuzkümmel, Fenchelsamen, Kurkuma, Galgant, Ingwer und jeder Menge Masalas, Tandoori- und Currypasten, außerdem mit Pfannen, Stövchen, Teebechern – was man so alles braucht, um richtig indisch zu kochen.

Das Kapitel London war mit unserem Wegzug aus England also keinesfalls beendet. Im Gegenteil: Mia kochte in Deutschland gerne die Rezepte nach, die sie aus der Zeit mit unserer indischen Großfamilie noch kannte. Sicher, manchmal benutzte sie einen Brühwürfel oder mischte einen Esslöffel Sahne unter ein Gericht, um es abzurunden – aus Mangel an originalen Ingredienzien.

Doch nicht nur die indischen Rezepte, sondern auch die indische Gastfreundschaft brachte meine Mutter mit nach Deutschland. Jedenfalls hatten wir immer häufiger Besuch, weil unsere deutschen Freunde die fremden Düfte und Aromen mochten, die aus Mamas Küche drangen. Und Mia tischte riesig auf, wenn viele Leute am Tisch saßen, vom Fingerfood über Snacks bis zu den klassischen indischen Gerichten. Noch heute wird, wenn sich die Familie bei ihr trifft, indisch gekocht – zu Weihnachten etwa.

Und auch ich koche für meine Familie indisch. Die meisten Rezepte sind fettarm und bestens verträglich, also genau das Richtige für Figurbewusste, zudem leicht und schnell zu kochen.

Die Rezepte, die wir in diesem Buch zusammengestellt haben, sind Familienrezepte. Mia hat die Verwandten meines Vaters, die inzwischen über die ganze Welt verstreut sind, ausfindig gemacht, per E-Mail und über Facebook kontaktiert und sie um Rezepte gebeten. Was gekommen ist, haben sie und ich nachgekocht – bis zu zehn Gerichte an einem Wochenende. Ich kann nur sagen: Mir hat es wahnsinnig Spaß gemacht, und es war ein toller Ausgleich zu der Arbeit vor der Kamera. Jetzt hoffe ich nur, dass auch einige Rezepte dabei sind, die zu Ihren indischen Favoriten werden.

Ihre

Karen Webb

Typische Zubereitungsarten und Küchengeräte

Klassische Zubereitungsarten

Traditionelle Garmethoden sind das Braten und Schmoren sowie das Backen in der Pfanne und im Tandoor-Ofen (Tandur-Ofen). Kochen in Wasser kommt – außer beim Reis – praktisch nicht vor.

Im Süden wird mehr kurz gebraten, in kühleren Regionen mehr geschmort (Bhaji – Gemüseeintopf).

In Öl oder Butterschmalz/Ghee frittiert werden hauptsächlich Speisen aus Teig wie Brote (Pakora) oder Teigumhülltes wie Gemüse.

So einfach wird indisch gekocht

Die indische Küche ist – wie jede ursprüngliche Landesküche – keine Haute Cuisine, sondern Alltags- und Volksküche. Dementsprechend einfach sind Werkzeuge und Kochgeschirr.

Wer hierzulande indisch kochen möchte, kann das mit der hier gebräuchlichen Küchenausrüstung bewerkstelligen. Insbesondere braucht es keinen Tandoor-Ofen, um Tandoor-Gerichte zuzubereiten. Die in diesem traditionellen Ofen gebackenen Brote (Naan) lassen sich auch einfach in einer Pfanne zubereiten. Tandoor-Fleisch- und -Geflügelgerichte können im Backofen zubereitet werden.

Sehr praktisch angelegt ist in Indien die Ausstattung mit Kochgeschirr: Tiefe, henkellose Töpfe werden für Currys aller Art benutzt, Degchi genannt. Man kann darin außerdem in Fett ausbacken oder Reis kochen. Zum Kurzbraten von Gemüse eignet sich die Karahi, eine flache Pfanne mit Henkeln, ähnlich einem kleinen Wok, nur mit planem Boden. Es gibt sie wie die Degchi in verschiedenen Größen.

Ein Reiskocher gehört in Indien heute zur Standardausstattung. Hierzulande ist dieses Gerät dann zu empfehlen, wenn man wirklich oft und in großen Mengen Reis kocht.

Unabdingbar allerdings sind ein Mörser sowie ein Pürierstab, alternativ ein Standmixer (Blender).

Für die indische Tafel

Anders als in der europäischen Essenskultur besteht eine indische Mahlzeit nicht aus einzelnen Menügängen. Traditionell werden alle zu einer Hauptmahlzeit gehörigen Speisen auf einem Metalltablett (Thali) angerichtet. Darauf kommt in der Mitte Reis oder Brot, darum herum wird eine Anzahl Schüsseln platziert, in denen verschiedene Currys, Saucen und Raitas angerichtet sind.

Vor- oder Nachspeisen unmittelbar zum Hauptgang gehörig gibt es in Indien erst durch europäischen Einfluss. Eigentlich werden süße Kleinigkeiten bzw. pikante Snacks (z. B. frittiertes teigumhülltes Gemüse oder gefüllte Brote) und ebenso auch die sättigenden Lassis als Zwischenmahlzeiten verzehrt.

von links nach rechts: schwarzer Kardamom, Lorbeerblätter, grüner Kardamom, Kurkumawurzel, Mangopulver

Indische Gewürze

Der verschwenderische Umgang mit Gewürzen ist der Küche des gesamten indischen Subkontinents zu eigen. Aufgrund der Größe des Landes und der unterschiedlichen klimatischen, natürlichen Gegebenheiten und nicht zuletzt auch der kulturellen Prägung unterscheiden sich allerdings die Küchen der verschiedenen indischen Regionen sehr stark voneinander.

In der großen Vielfalt der Gewürze gibt es eine ganze Menge, die regionenübergreifend bzw. im ganzen Land verwendet werden. Sie finden im Folgenden aus Gründen der Übersichtlichkeit jedoch lediglich den Regionen diejenigen Gewürze zugeordnet, die dort deutlich im Vordergrund stehen.

Gewürze des Nordens

In den Berggebieten Indiens und im gesamten Norden des Landes herrschen aromatische, aber nicht scharfe Gewürze vor, unter anderem

- Kurkuma und Safran, die Speisen gelb färben und ihnen ein würziges bis bitteres Aroma verleihen
- kühlende Minze
- frisch-würziger, kampferartiger schwarzer Kardamom mit seiner durch den Trocknungsprozess bedingten charakteristischen Räuchernote
- süß-aromatischer grüner Kardamom
- Zimt und Gewürznelken sowie indischer Lorbeer – Letzterer erinnert im Aroma an eine Mischung der beiden vorgenannten Gewürze
- Mangopulver (Amchur), das den Speisen einen säuerlichen Geschmack verleiht

von oben nach unten: Schwarzkümmelsamen, Fenchelsamen, weißer Mohn, braune/indische Senfsamen

von oben nach unten: Kreuzkümmelsamen, Kokosraspel, rote getrocknete Chilischoten, Koriandersamen

Ostindische/bengalische Würzzutaten

Die bekannteste Gewürzmischung aus dieser indischen Region ist Panch Phoron (wörtlich: Fünf Samen), die zu gleichen Teilen aus schwarzem Senf, Schwarzkümmel, Fenchel-, Kreuzkümmel- und Bockshornkleesamen besteht. Panch Phoron wird unzerkleinert, in Öl oder Butterschmalz gebraten, den Gerichten beigegeben.

Die Senfsamen bringen Schärfe und, angebraten, auch eine nussige Aromakomponente mit, Schwarzkümmel (Nigella) entwickelt sein Aroma erst beim Zermahlen bzw. Zerkauen und schmeckt dann würzig und leicht bitter. Sein Gegenspieler im Gewürzfünferreigen sind die Fenchelsamen mit ihrem süßlich-aromatischen, an Anis erinnernden Geschmack. Kreuzkümmel und Bockshornklee finden Sie im folgenden Abschnitt charakterisiert. Mohnsamen, die fein gemahlen häufig dazu dienen, Speisen anzudicken, verleihen diesen gleichzeitig auch eine angenehm warm-nussige Komponente.

Aromen Westindiens und Südwestindiens

Auch im Westen des Landes wird wie in anderen Regionen Indiens reichlich Kurkuma verwendet, darüber hinaus Kreuzkümmelsamen mit ihrem charakteristisch angenehm aromatischen Geschmack, der sich durch Rösten bzw. Braten verstärkt.
Die wie gelbbraune Splitsteinchen aussehenden Bockshornkleesamen geben den Speisen eine bitteraromatische Note. Mild-nussige Komponenten verleihen Kokosmilch und Kokosraspel.

Auch ganz im Südwesten gehören weiterhin Kokosmilch und -flocken zu den prägenden Aromazutaten. Darüber hinaus wird hier relativ scharf gwürzt, mit Chili, Ingwer, Knoblauch. Ergänzt von Kurkuma und warm-würzigen Koriandersamen.

Indische Gewürze

von links nach rechts: schwarze Pfefferkörner, Curryblätter, Asafoetidapulver, Bockshornkleesamen

Gewürze des tamilischen Südostens

Neben den scharfen Gewürzen Pfeffer und Chili findet eine Reihe weiterer intensiver, sich gegenseitig ergänzender sowie ausgleichender Aromakomponenten Verwendung:

Ingwer, Tamarinde, Zitrone und Curryblätter bringen frische Aromen teils mit scharfen, teils mit sauren Noten. Bockshornkleesamen sorgen für einen leichten Bitterton.

Koriandersamen bringen ihren warm-würzigen Geschmack ein und Asafoetida/Asant verleiht vor allem Gemüsegerichten und insbesondere Dals (Hülsenfruchtgerichten) ein ähnlich pikantes Aroma, wie bei uns Zwiebel und Knoblauch. Letzterer wird übrigens auch häufig verwendet.

Weitere aromagebende Zutaten

Je nach Region und jeweiliger Volksgruppe werden unter anderem folgende Kräuter verwendet:

Minze mit ihrem erfrischend-kühlen Geschmack sowie Koriandergrün, das für Liebhaber frisch-würzig schmeckt. Nahezu allgegenwärtig ist außerdem die Ingwerwurzel.

Als aromagebende Zutaten spielen auch Joghurt und Sahne eine wichtige Rolle. Zusätzlich zu ihrer Funktion als Nährstofflieferanten (Eiweiß, Fett) – insbesondere in vegetarischen Gerichten –, sind sie auch wesentlich für den Geschmack eines Gerichts verantwortlich.

22 Indische Gewürze

Tandoori-Masala/Tandoori-Paste

Mit dieser Würzpaste werden Zutaten vor dem Garen im Tandoor (deutsch auch Tandur) bestrichen bzw. darin eingelegt. Sie ist charakteristisch für die Küche in den nordwestlichen Regionen. Sie benötigen dazu einen großen Mörser (oder arbeiten mit einem kleineren in Portionen):

10 schwarze Pfefferkörner
3 Kardamomsamen
2 Gewürznelken
1 kleines Stück Zimtstange (ca. 2 cm)
2 gehäufte TL Koriandersamen
1 gehäufter TL Kreuzkümmelsamen
1/2 TL Salz
1/4 TL Muskat, frisch gerieben
1/4 TL Chilipulver
1 TL Kurkumapulver
2–3 Knoblauchzehen
1 Stück Ingwerwurzel (ca. 4 cm), grob gehackt
1 Zwiebel, grob gehackt
3 TL Zitronensaft
200 g Naturjoghurt

Die ganzen Gewürze und das Salz im Mörser zerreiben, die Gewürzpulver sowie die feuchten Zutaten (Knoblauch, Ingwer, Zwiebel) zufügen und alles zu einer homogenen Paste zerreiben. Zuletzt den Zitronensaft und Joghurt unterrühren.

Chat Masala

Diese würzig-erfrischende, leicht säuerliche Mischung aus Südindien wird vor allem für Salate und Raitas verwendet. Auch zu Früchten passt sie sehr gut und zu manchen Chutneys.

Auf Vorrat

3 TL Kreuzkümmelsamen
2 gehäufte TL schwarze Pfefferkörner
1 1/2 TL Fenchelsamen
1 1/2 TL Ajowansamen
1 TL Koriandersamen
4 TL Mangopulver (Amchur)
3 TL Salz
1/4 TL Asafoetidapulver (nach Belieben)

Zum Servieren:

1 kleines Stück Ingwerwurzel (ca. 1 cm)
einige Minzeblättchen

Alle Zutaten bis auf Ingwer und Minze im Mörser nach Belieben grob bis mittelfein zerreiben. In einem Schraubverschlussglas aufbewahren und bei Verwendung noch jeweils Ingwer und Minzeblättchen, beides sehr sehr fein geschnitten, zufügen.

von oben nach unten: Minzeblättchen, Zitrone, Ingwerwurzel und Knoblauch

von oben: Zimt und Kardamomsamen, fein geschnittene Chili, Kreuzkümmelsamen, Gewürznelken, Chilischote

Salate
Chutneys
Raitas

Tomaten-Gurken-Salat

Zutaten für 4 Portionen

6 Tomaten
1 Salatgurke
1 Frühlingszwiebel
1 grüne Chilischote
1 EL gehacktes Koriandergrün
½ EL gehackte Minze
Zitronensaft, Zucker, Salz

Zubereitungszeit 15 Minuten

1. Waschen und putzen Sie die Tomaten und die Gurke und schneiden Sie sie in kleine Würfel. Die Frühlingszwiebel putzen und klein schneiden. Die Chilischote waschen, putzen, entkernen und fein hacken.

2. Tomaten- und Gurkenwürfel mit Frühlingszwiebeln und Chili mischen. Geben Sie die gehackten Kräuter dazu und schmecken Sie den Salat dann mit Zitronensaft, Salz und Zucker ab.

TIPP Schmeckt super im Sommer mit ein bisschen Brot dazu. Und diesen Salat mögen auch Kinder!

KAREN KULINARISCH Ich empfinde die indische Küche vor allem als ausgesprochen kreativ. Immer wieder die gleichen einfachen Zutaten verwandeln sich durch die Aromen der würzenden Zutaten zu immer wieder neuen Speisen. Wie in diesem so einfachen Salat, der zugleich saftig-kühlend und pikant-scharf schmeckt und auf diese Weise gleich doppelt erfrischend ist.

Gurken-Chili-Salat

1. Die Gurke waschen und quer halbieren. Hobeln Sie dann beide Hälften mit einem Gemüsehobel längs, so dass feine Scheiben entstehen.

2. Die Chilischote waschen, putzen, entkernen und hacken. Die Frühlingszwiebel putzen und fein würfeln.

3. Die Chili- und Frühlingszwiebelwürfelchen, den gehackten Ingwer und das Koriandergrün mit Öl, Essig und Zitronensaft mischen. Würzen Sie das Dressing kräftig mit Salz und Pfeffer. Dann geben Sie es zu den Gurken und mischen alles kurz durch.

TIPP Wenn Sie Minigurken bekommen, die sind nur etwa 10 bis 15 Zentimeter lang, nehmen Sie 5 bis 6 davon statt einer normalen Salatgurke. Die kleinen Gürkchen schmecken saftiger und intensiver.

Zutaten für 4 Portionen

1 Salatgurke
1 rote Chilischote
1 Frühlingszwiebel
1 TL gehackter Ingwer
1 EL gehacktes Koriandergrün
2 EL Öl
2 EL heller Balsamicoessig
1 TL Zitronensaft
Salz und Pfeffer

Zubereitungszeit 15 Minuten

Salate, Chutneys, Raitas

Gemischter Salat mit Chili und roter Zwiebel

Zutaten für 4 Portionen

1 TL gelbe Senfsamen

1–2 EL Olivenöl

1 rote Zwiebel

½ Eisbergsalat

1 Tomate

½ Salatgurke

1 Karotte

1 grüne Chilischote

1–2 EL Zitronensaft

1–2 TL Honig

Salz

1 EL gehacktes Koriandergrün

Zubereitungszeit 30 Minuten

1. Braten Sie die Senfsamen in etwas Öl an. Zerdrücken Sie sie im Mörser, damit sich der Geschmack besser entfalten kann und sie später nicht unangenehm herausschmecken.

2. Die Zwiebel abziehen, halbieren und in feine Streifen schneiden. Den Eisbergsalat waschen, trockenschleudern und in mundgerechte Stücke schneiden. Gurke und Tomate waschen, die Tomate würfeln und die Gurke ebenfalls in mundgerechte Stücke schneiden.

3. Schälen Sie die Karotte und schneiden Sie sie in feine Streifen. Die Chilischote waschen, putzen, entkernen und hacken. Mischen Sie das klein geschnittene Gemüse in einer großen Schüssel.

4. Für das Dressing mischen Sie Zitronensaft, Honig, etwas Salz und das übrige Öl. Geben Sie das Dressing über den Salat. Die Senfsamen und das Koriandergrün darüberstreuen.

Karottensalat

Zutaten für 2 Portionen

1 rote Chilischote
2 EL Zitronensaft
1 Prise Salz
3 EL gehacktes Koriandergrün
4–5 Karotten
2 EL Mandelblättchen

Zubereitungszeit 15 Minuten

1. Die Chilischote waschen, putzen, entkernen und klein schneiden. Geben Sie den Zitronensaft, etwas Salz, die Chilischote und das gehackte Koriandergrün in eine Schüssel. Die Karotten putzen und in die Schüssel raspeln. Mischen Sie alles unter.

2. Die Mandelblättchen in einer trockenen Pfanne unter Wenden anrösten. Wenn Sie appetitlich gebräunt sind, sofort umfüllen, sonst werden die Mandeln zu schwarz.

3. Vor dem Servieren die angerösteten Mandelblättchen darüberstreuen.

KAREN KULINARISCH Dieser Salat macht die mildsüßen Karotten für meine Begriffe zum absoluten Sommergemüse: sauer-erfrischend, scharf-belebend. Wir machen daraus auch gerne einen sättigenden Picknicksalat: Einfach die Zutatenmengen verdoppeln, zusätzlich 4 Esslöffel Öl zufügen und 125 g (roh gewogen) gegarten Duftreis. Nach Bedarf noch etwas Wasser zugeben.

Grünkohlsalat

1. Den Grünkohl putzen und die Blätter ablösen, waschen und gut trockenschütteln. Dicke Blattstiele herausschneiden, die Blätter in feine Streifen schneiden. Die Zwiebel abziehen und fein würfeln. Schälen Sie die Mango und schneiden Sie das Fruchtfleisch erst vom Stein (siehe Tipp auf Seite 39), dann in kleine Würfel.

2. Schneiden Sie die Cranberrys für das Dressing klein. Die Datteln ebenfalls klein schneiden. Mischen Sie Zitronen- und Orangensaft, Öl, Honig, Salz und Pfeffer. Geben Sie die Datteln und Cranberrys dazu.

3. Bräunen Sie die Mandelblättchen kurz in einer trockenen Pfanne an. Geben Sie einen Teil des Dressings und die Mandelblättchen zum Grünkohl und schmecken Sie mit Salz und Pfeffer ab. Bei Bedarf mehr von dem Dressing hinzugeben. Eventuell, wenn Sie Salat gerne sauer mögen, einen Schuss Essig hinzufügen. Zuletzt die Brotcroûtons und 1 gehäuften EL Mangowürfelchen untermischen. Den Grünkohlsalat vor dem Servieren mindestens 15 Minuten kalt stellen.

Zutaten für 4 Portionen

1 Grünkohlkopf
½ Zwiebel
1 Mango (benötigt wird 1 gehäufter EL gewürfeltes Fruchtfleisch)

Für das Dressing

1 EL Cranberrys
2 Datteln
Saft von ½ Zitrone
1–2 EL Orangensaft
1 ½ EL Olivenöl
1–2 TL flüssiger Honig
¼ TL Salz, Pfeffer
2 EL Mandelblättchen
Essig (nach Belieben)
1 EL Brotcroûtons (fertig gekaufte oder selbst gemachte)

Zubereitungszeit 30 Minuten
Zeit zum Durchziehen 15 Minuten

Tropischer Salat

1. Die Gurke waschen, schälen und in Würfel schneiden. Die Tomate ebenfalls waschen und würfeln. Schälen Sie die Banane und schneiden Sie sie in Scheiben. Die Ananas schälen, die »Augen« und den Strunk entfernen und das Fruchtfleisch in Stücke schneiden.

2. Die Paprika waschen, putzen und würfeln. Schälen Sie die Orange bis ins Fruchtfleisch und lösen Sie die Filets aus den Trennhäutchen. Das vorbereitete Obst und Gemüse in eine Schüssel geben.

3. Für das Dressing mischen Sie alle Zutaten, fügen nach Belieben auch Chilisauce zu und geben das Dressing dann über den Salat.

TIPP Einen Teil der übrig gebliebenen Ananas können Sie zu einem pikanten Ananas-Chutney verarbeiten, das beispielsweise hervorragend zu Geflügel passt: 1/4 Ananas schälen und in kleine Stücke schneiden, 3 Frühlingszwiebeln (das Weiße und Hellgrüne) fein schneiden, 1 rote Chilischote sehr fein hacken. All diese Zutaten mit 2 EL fein gehacktem Koriandergrün, 1–2 EL Limettensaft und 2 EL Öl mischen. Das Ananas-Chutney mit Salz abschmecken.

Zutaten für 4 Portionen

½ Salatgurke

1 Tomate

1 Banane

¼ Ananas

1 rote Paprikaschote

1 Orange

Für das Dressing

200 g Naturjoghurt (3,5 % Fett oder griechischer Joghurt)

Salz, Pfeffer

Zucker

2–3 EL Zitronensaft zum Abschmecken

fertige Chilisauce (nach Belieben)

Zubereitungszeit 30 Minuten

Scharfe Minz-Raita

Zutaten für 6 Portionen

1–2 grüne Chilischoten
4 EL gehackte Minzeblätter
4 EL gehacktes Koriandergrün
1 TL fein gehackter Ingwer
500 g Naturjoghurt (3,5 % Fett)
Salz

Zubereitungszeit 15 Minuten

1. Die Chilischoten waschen, putzen, entkernen und fein hacken. Mit Minze, Koriandergrün, Ingwer und 2 EL Joghurt pürieren.

2. Geben Sie dann den restlichen Joghurt hinzu. Die Minz-Raita mit Salz abschmecken.

TIPP Die aromatischste Minze bekommen Sie hierzulande unter den Namen Marokkanische Minze oder Türkische Minze (Nane-Minze) vielfach im gut sortierten Supermarkt, in jedem Fall aber im türkischen, marokkanischen oder Asia-Lebensmittelladen.

34 Salate, Chutneys, Raitas

KAREN KULINARISCH Minze ist eine Würzzutat, die ich in der deutschen Küche wirklich vermisse. Ich verwende das Kraut mit seinem sehr erfrischenden, leicht pfeffrigen Geschmack sowohl für süße, fruchtige Gerichte wie Obstsalate, gebe es aber auch reichlich an pikante bzw. scharfe Speisen wie diese Raita, zu der ich am liebsten Papadams serviere.

Gurken-Raita

Zutaten für 6 Portionen

250 g Naturjoghurt (3,5 % Fett)
150 g Salatgurke (etwa ½ Gurke)
½ TL Salz
¼ TL Zucker
10 Pfefferkörner
1 TL Kreuzkümmelsamen

Für die Garnitur

2 TL fein gehacktes Koriandergrün
1 Prise Paprikapulver

Zubereitungszeit 15 Minuten

1. Rühren Sie den Joghurt in einer Schüssel glatt. Die Gurke schälen und fein hacken. Geben Sie die Gurke, Salz und Zucker unter den Joghurt.

2. Erhitzen Sie eine trockene Pfanne bei mittlerer Hitze. Pfefferkörner und Kreuzkümmelsamen darin unter Wenden kurz rösten. Nach etwa 30 Sekunden, wenn sie zu duften beginnen, aus der Pfanne nehmen und in einem Mörser (oder mit einer Teigrolle auf einer festen Unterlage) zerdrücken.

3. Geben Sie die Gewürzmischung zum Joghurt. Die Gurken-Raita mit gehacktem Koriandergrün und Paprikapulver garniert servieren.

TIPP Für ein Tomaten-Raita ersetzen Sie einfach die Gurke durch klein gehackte frische Tomaten und geben noch einen 1 TL fein gehackte Zwiebelwürfel dazu.

Avocado-Raita

1. Schälen Sie die Zwiebel und hacken Sie sie fein. Die Tomaten waschen und ohne die Stielansätze ebenfalls fein hacken. Die Chili waschen, längs halbieren, putzen und sehr fein schneiden.

2. Halbieren Sie die Avocado längs, drehen Sie die Fruchthälften gegeneinander vom Kern, lösen Sie das Fruchtfleisch mit einem Löffel aus den Schalen und geben Sie es in eine flache Schale.

3. Das Avocadofruchtfleisch mit einer Gabel zerdrücken. Fügen Sie die Zwiebeln, Tomaten und Chili dazu. Mischen Sie den Zitronensaft darunter und das Koriandergrün. Geben Sie den Joghurt dazu und schmecken Sie die Raita mit Chili- und Kreuzkümmelpulver ab. Vor dem Servieren 1 Stunde kalt stellen.

Zutaten für 8 Portionen

1 Zwiebel, fein gehackt
3 Tomaten, fein gehackt
1 grüne Chili, fein gehackt
2 reife Avocados
Saft von ½ Zitrone
3 EL fein gehacktes Koriandergrün
¼–½ TL Chilipulver
1 TL Kreuzkümmelpulver
300 g Naturjoghurt (3,5 % Fett)
Salz, Pfeffer

Zubereitungszeit 20 Minuten
Kühlzeit 1 Stunde

Salate, Chutneys, Raitas

Tomaten-Chutney

Zutaten für 6 Portionen

2 große Tomaten
1 EL gehacktes Koriandergrün
1 TL Garam Masala
¼ TL Senfpulver
¼ TL Cayennepfeffer
je 1 Prise Zimtpulver, Nelkenpulver, gemahlene Muskatnuss und Asafoetida (aus dem Asienladen)
3 EL Wasser
2 TL brauner Zucker
15 getrocknete Curryblätter
1 EL Ghee
½ TL Salz

Zubereitungszeit 30 Minuten

1. Die Tomaten halbieren, entkernen und klein würfeln. Mischen Sie die Gewürze bis auf das Salz mit Wasser, Zucker und den Curryblättern.

2. Erhitzen Sie das Ghee und bräunen Sie die Gewürzmischung an. Fügen Sie dann Tomaten und Salz dazu und lassen Sie alles kurz aufkochen. Dann bei mittlerer Hitze unter gelegentlichem Rühren 20 Minuten köcheln lassen, bis die Masse eindickt.

3. Frisch servieren. Im Kühlschrank ist das Tomaten-Chutney etwa 3 Tage haltbar.

INFO Asafoetida, auch bekannt als Stinkasant oder Teufelsdreck, ist eine Pflanzenart in der Familie der Doldenblütler. Die Pflanze wächst bis 2 Meter hoch. Der Milchsaft wird durch Anritzen der Wurzel gewonnen, der nach dem Trocknen als braune, harzartige Masse vorliegt. In den Handel gelangt entweder das reine Harz oder dessen gemahlene Form. Die Blumen sind hellgrünlichgelb, die Früchte sind oval, flach, dünn, rötlich-braun und haben einen milchigen Saft. Die Wurzeln sind dick, massiv und breiig. Sie ergeben ein Harz ähnlich dem von den Stielen. Alle Teile der Pflanze haben den unverwechselbaren Gestank.

Mango-Chutney

mit Rosinen

1. Das Mangofruchtfleisch auslösen wie im Tipp unten beschrieben.

2. Geben Sie die Mangostücke in einen Topf und fügen Sie die restlichen Zutaten zu. Die Mischung unter Rühren aufkochen und etwa 20 Minuten köcheln lassen. Das Mango-Chutney passt gut zum Lachsgericht auf Seite 127.

TIPP Um das Mangofruchtfleisch auszulösen, die Frucht auf die Arbeitsplatte legen und mit Hilfe eines langen schmalen Messers mit einem waagerechten Schnitt die obere Fruchthälfte dicht am Stein entlang abschneiden. Die Mango umdrehen und mit der zweiten Fruchthälfte genauso verfahren. Am Stein verbliebenes Fruchtfleisch rund um den Stein abschneiden, die Schale entfernen. Um an das Fruchtfleisch der beiden abgeschnittenen Mango-»Backen« zu kommen, es zunächst gitterartig einschneiden. Und zwar nur so tief, dass die Schale gerade eben unverletzt bleibt. Nun die gewölbte Schale umstülpen, sodass sich das Fruchtfleisch wie ein Schildkrötenpanzer nach oben wölbt. Behutsam mit dem Messer zwischen Schale und Fruchtfleisch entlangschneiden und so das Mangofleisch ablösen, das auf diese Weise auch sofort in mundgerechten Stücken vorliegt.

Zutaten für 4 Portionen

1 reife Mango
1 TL geriebener Ingwer
1 TL Rosinen
1 EL Weißweinessig
1 EL Zucker
½ TL rotes Chilipulver
etwas Salz

Zubereitungszeit 10 Minuten

Mango-Chutney mit Knoblauch und Kurkuma

Zutaten für 2 kleine Schraubverschlussgläser

1 reife Mango
50 g Ingwer
3 rote Chilischoten
3 Knoblauchzehen
80 g brauner Zucker
100 ml Weißweinessig
5 EL heller Balsamicoessig
2 EL Kurkumapulver
Salz und Pfeffer

Außerdem

2 kleine Schraubverschlussgläser

Zubereitungszeit 25 Minuten
Marinierzeit 3 Stunden

1. Das Mangofruchtfleisch auslösen, wie im Tipp auf Seite 39 beschrieben, dann fein würfeln. Den Ingwer schälen und fein hacken. Die Chilischoten waschen, putzen, entkernen und klein würfeln. Den Knoblauch abziehen und ebenfalls fein würfeln.

2. Die Mangowürfel mit Zucker, Knoblauch und Ingwer mischen und 3 Stunden marinieren.

3. Dann die Chiliwürfel und Kurkuma dazugeben und alles in einem Topf bei niedriger Hitze etwa 20 Minuten köcheln lassen, bis die Flüssigkeit verkocht ist. Dabei gelegentlich umrühren.

4. Die Schraubverschlussgläser heiß auswaschen und mit dem heißen Chutney füllen. Dann die Gläser verschließen und auf den Kopf stellen. So hält das Chutney im Kühlschrank aufbewahrt einige Tage.

TIPP Passt zu allen Arten von Reisgerichten, zu gebratenem Fleisch, Geflügel und Fisch.

Auberginen-Pickles

Zutaten für 2–3 kleine Schraubverschlussgläser

2 große Auberginen
6 grüne Chilischoten
4 cm Ingwer
6 Knoblauchzehen
220 ml Öl
Salz
1 ½ TL braune Senfsamen
15 frische Curryblätter
1 TL Chilipulver
¾ TL Kurkumapulver
1 ½ TL Kreuzkümmelpulver
1 TL Bockshornkleesamen
350 ml Essig
1–2 EL Zucker

Zubereitungszeit 1 Stunde

1. Die Auberginen waschen, trockentupfen und in kleine Würfel schneiden. Die Chilischoten waschen, putzen und längs spalten. Den Ingwer schälen und fein hacken. Ziehen Sie den Knoblauch ab und schneiden Sie ihn in Scheiben.

2. Stellen Sie 2 Pfannen bereit. Geben Sie das Öl in eine Pfanne und braten Sie die Auberginen und Chilis mit etwas Salz an, bis die Chilis etwas Farbe angenommen haben und die Auberginen fast weich sind.

3. Geben Sie nun für die Sauce so viel Öl wie möglich mit einem Löffel in die andere Pfanne und fügen Sie bei Bedarf noch ein wenig neues Öl dazu. Insgesamt werden etwa 2 EL Öl benötigt. Fügen Sie die Senfsamen, Curryblätter, Ingwer und Knoblauch dazu und braten Sie alles, bis der Knoblauch leicht braun geworden ist.

4. Nun Chili-, Kurkuma- und Kreuzkümmelpulver, Bockshornkleesamen und die gebratenen Auberginen dazugeben mit Essig aufgießen und alles in der offenen Pfanne 20–30 Minuten köcheln lassen. Mit Zucker und Salz abschmecken

Salate, Chutneys, Raitas

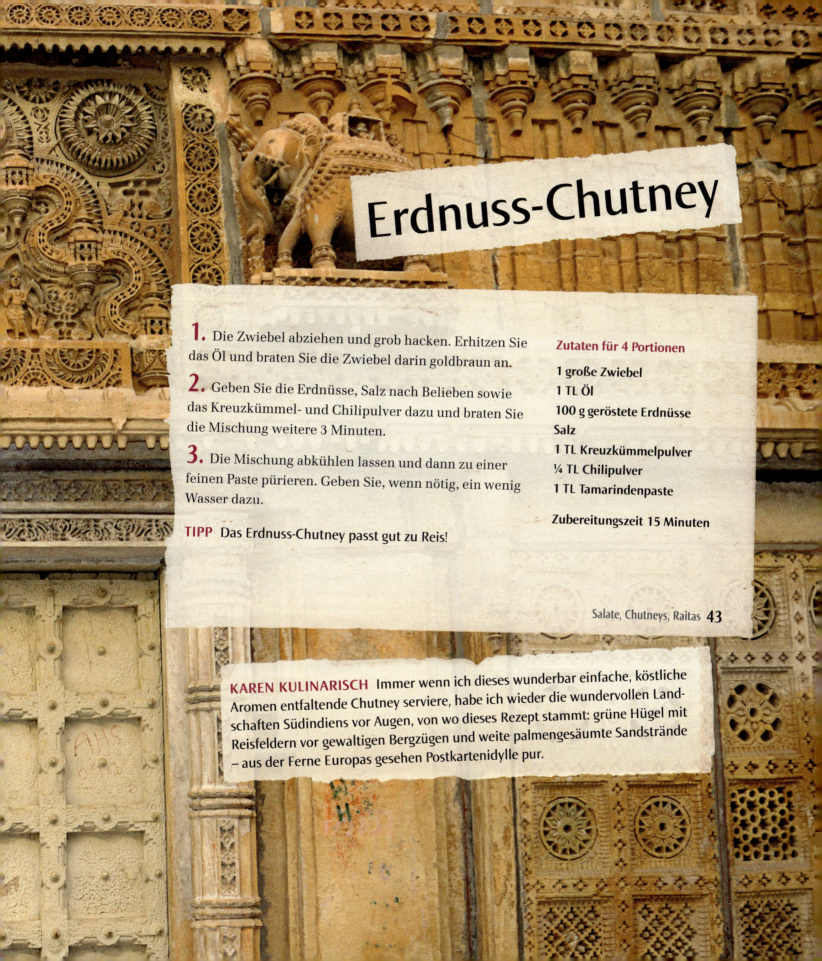

Erdnuss-Chutney

1. Die Zwiebel abziehen und grob hacken. Erhitzen Sie das Öl und braten Sie die Zwiebel darin goldbraun an.

2. Geben Sie die Erdnüsse, Salz nach Belieben sowie das Kreuzkümmel- und Chilipulver dazu und braten Sie die Mischung weitere 3 Minuten.

3. Die Mischung abkühlen lassen und dann zu einer feinen Paste pürieren. Geben Sie, wenn nötig, ein wenig Wasser dazu.

TIPP Das Erdnuss-Chutney passt gut zu Reis!

Zutaten für 4 Portionen

1 große Zwiebel
1 TL Öl
100 g geröstete Erdnüsse
Salz
1 TL Kreuzkümmelpulver
¼ TL Chilipulver
1 TL Tamarindenpaste

Zubereitungszeit 15 Minuten

Salate, Chutneys, Raitas 43

KAREN KULINARISCH Immer wenn ich dieses wunderbar einfache, köstliche Aromen entfaltende Chutney serviere, habe ich wieder die wundervollen Landschaften Südindiens vor Augen, von wo dieses Rezept stammt: grüne Hügel mit Reisfeldern vor gewaltigen Bergzügen und weite palmengesäumte Sandstrände – aus der Ferne Europas gesehen Postkartenidylle pur.

Brote & Snacks

Roti – Korianderbrot

Zutaten für 4 Portionen

1 Zwiebel
2 frische Chilischoten
50 g Weizenvollkornmehl
50 g Kichererbsenmehl
1 Prise Salz
3 EL gehacktes Koriandergrün
150 ml Wasser
1–2 EL Ghee

Zubereitungszeit 45 Minuten

1. Die Zwiebel abziehen und fein würfeln. Die Chilischoten waschen und putzen. Die Schoten entkernen und ebenfalls fein würfeln.

2. Vermischen Sie alle Zutaten bis auf das Ghee. Kneten Sie den Teig mit den Händen und lassen Sie die Masse etwa 15 Minuten stehen, sie wird dabei fester.

3. Erhitzen Sie das Ghee in einer Pfanne. Formen Sie mit den Händen aus dem Teig 10 Bällchen und drücken Sie diese dann flach. Nehmen Sie bei Bedarf noch etwas Mehl, damit die Masse nicht an den Händen klebt. Geben Sie die Teigfladen in die Pfanne und braten Sie die Roti-Brote bei mittlerer Hitze von beiden Seiten an, bis der Teig gar und die Oberfläche goldbraun ist. Das dauert insgesamt 5–7 Minuten.

TIPP Wenn Kinder mitessen, einfach die Chilis weglassen.

KAREN KULINARISCH Ich erinnere mich: Früher gab's bei uns Naan- oder Roti-Brote zu fast jedem Essen oder kurz zuvor schon zum Knabbern. Ähnlich wie man in Italien vor dem Essen immer Ciabatta oder Olivenbrot reicht. Im Restaurant sind die Brote in der Regel größer als in diesem Rezept. Ich mag sie lieber kleiner, schließlich soll ja nicht jeder schon nach der Vorspeise satt sein.

Klassisches Naan

1. In einer Schüssel die Hefe mit 1 TL Zucker und dem Wasser mischen und 10 Minuten gehen lassen.

2. Währenddessen das Mehl sieben und mit Salz und Backpulver in einer großen Schüssel mischen.

3. Geben Sie Olivenöl und Butter zur Hefemischung und den Joghurt zur Mehlmischung und mischen Sie jeweils alles mit einer Gabel durch.

4. Geben Sie die Hefemischung nun zur Mehlmischung und vermengen Sie alles, dann alles mit den Händen zu einem glatten Teig kneten und diesen an einem warmen Ort zugedeckt etwa 2 Stunden gehen lassen (bis er mindestens die doppelte Menge erreicht).

5. Den Backofen auf 200 °C vorheizen, dann den Grill anschalten. Inzwischen den Teig nochmals zusammenkneten. Formen Sie 6 gleich große Kugeln und drücken Sie sie flach (oval). Die Naan-Brote im Ofen auf der obersten Schiene etwa 10 Minuten backen, dabei beobachten, dass sie unter dem Grill nicht verbrennen.

Zutaten für 8 Portionen

1 TL Trockenhefe (oder
½ Päckchen frische Hefe)

1 TL Zucker

etwa 200 ml warmes Wasser

250 g Mehl

1 Prise Salz

1 Msp. Backpulver

1 TL Olivenöl

1 TL Butter

1 EL Joghurt

**Zubereitungszeit 40 Minuten
(inkl. Backzeit)
Ruhezeit für den Teig
2 Stunden**

Naan mit verschiedenen Belägen

1. Mischen Sie Mehl, Backpulver und Salz. Geben Sie den Joghurt hinzu und kneten Sie nach und nach die 125 ml Wasser ein, bis der Teig weich ist. Lassen Sie den Teig zugedeckt etwa 1 Stunde ruhen.

2. Den Teig auf einer bemehlten Arbeitsfläche zu 8 Fladen von etwa 12 cm Durchmesser ausrollen. Lassen Sie die Butter in einem Töpfchen schmelzen. Die Korianderblättchen von den Stielen zupfen. Den Knoblauch abziehen und in Scheiben schneiden.

3. Bestreichen Sie die Oberfläche der Fladen leicht mit Butter und geben Sie dann wahlweise die verschiedenen Beläge auf das Brot, wie Korianderblätter, Knoblauchscheiben oder Kümmel.

4. Braten Sie die Naan-Fladen dann in etwas Fett in einer Pfanne von jeder Seite etwa 1 Minute, bis der Teig Blasen schlägt und braune Flecken bekommt.

Zutaten für 8 Fladen

Für den Teig
250 g Mehl + Mehl zum Arbeiten
1 TL Backpulver
1 gestr. TL Salz
30 g Vollmilchjoghurt
125 ml lauwarmes Wasser

Zum Belegen
2 EL Butter
2 Stiele Koriandergrün
2 Knoblauchzehen
1 TL Kümmel
Fett zum Braten

Zubereitungszeit 25 Minuten
Ruhezeit 1 Stunde

Brote & Snacks 49

Chapati

Zutaten für 4 Portionen

400 g Weizenvollkornmehl
½–1 TL Salz
½ TL Zucker
250 ml lauwarmes Wasser
2–3 EL Ghee zum Ausbacken
und Bestreichen

Zubereitungszeit 20–30 Minuten

1. Sieben Sie das Mehl in eine Schüssel und geben Sie Salz und Zucker dazu. Fügen Sie nach und nach Wasser zu und kneten Sie den Teig durch, bis er glatt ist.

2. Teilen Sie den Teig in 8–10 gleich große Stücke und rollen Sie diese auf einer bemehlten Arbeitsfläche aus. Die Fladen sollten etwa 10–15 cm Durchmesser haben.

3. Etwas Ghee in einer Pfanne erhitzen und so viele Fladen gleichzeitig in die Pfanne geben, wie dort nebeneinander Platz haben. Die anderen decken Sie mit einem sauberen Geschirrtuch ab.

4. Lassen Sie die Fladen bei mittlerer Hitze zunächst 20–30 Sekunden backen, bis braune Flecken entstehen. Drücken Sie den Teig dazu mit dem Pfannenwender nach unten. Dann die Fladen wenden und auf der zweiten Seite ebenfalls wenige Sekunden anbraten. Bei Bedarf nochmals mit etwas flüssigem Ghee bestreichen.

5. Fertige Fladen aus der Pfanne nehmen, vor der nächsten Portion wieder etwas Ghee hineingeben. Auf die beschriebene Weise alle Fladen backen. Zum Warmhalten wickeln Sie die Chapati in Alufolie.

KAREN KULINARISCH Man kann die Chapati auch in einer trockenen Pfanne ganz ohne Fett ausbacken. Ich mag sie lieber mit etwas Ghee zubereitet, das gibt einen guten Geschmack und macht das Brot saftiger.

Kartoffel-Paratha

Zutaten für 4 Portionen

Für den Teig

150 g Weizenvollkornmehl
100 g Kichererbsenmehl
½ TL Salz
1 TL flüssiges Ghee
150 ml Wasser
Ghee zum Backen

Für die Füllung

300 g Kartoffeln
Salz
1 grüne Chilischote
1 TL gemahlener Bockshornkleesamen
1 EL gehacktes Koriandergrün
¼ TL Mangopulver

Zubereitungszeit
1 Stunde 10 Minuten

1. Die Kartoffeln für die Füllung schälen und als Salzkartoffeln kochen.

2. Inzwischen für den Teig Mehl, Salz und geschmolzenes Fett in eine Schüssel geben. Wasser dazugeben und alles zu einem glatten Teig verarbeiten. 15 Minuten ruhen lassen.

3. Die Kartoffeln abgießen und zerdrücken. Die Chilischote waschen, putzen, entkernen und hacken. Die Kartoffeln mischen Sie mit Bockshornklee, Chilischote, Koriander und Mangopulver. Mit Salz abschmecken.

4. Aus dem Teig 8–10 Kugeln formen. Jede Kugel auf etwa 15 cm Durchmesser ausrollen und etwas Füllung in die Mitte setzen. Den Teig so über der Füllung zusammenfassen, dass ein Beutel entsteht. Erneut zu einem Fladen ausrollen. Beim Rollen immer etwas Mehl verwenden, damit der Teig nicht anklebt.

5. Die Paratha in etwas Ghee in der Pfanne goldbraun backen, einmal wenden.

Gefüllte Paratha

1. Für den Teig sieben Sie das Mehl und mischen es mit Salz und Ghee. Geben Sie so viel Wasser dazu, bis der Teig geschmeidig wird. Ihn dann 15 Minuten ruhen lassen. Für die Paneerfüllung schneiden Sie den Käse klein und mischen ihn mit allen Zutaten.

2. Für die Erbsenfüllung kochen Sie die Erbsen gar. Die Chilischote waschen, putzen, entkernen und hacken. Braten Sie die Chili in heißem Öl kurz an, geben Sie dann die Erbsen und die Gewürze dazu. 2 Minuten bei mittlerer Hitze braten.

3. Aus dem Teig 15 gleich große Kugeln formen. Man braucht jeweils 3 für ein Paratha. Jedes Teigstück zu einem dünnen großen Fladen ausrollen (1 bis maximal 2 mm dick). Die Fladen sollten in etwa gleich groß sein. Geben Sie auf die erste Teigplatte die Paneerfüllung, darauf die zweite Teigplatte, dann folgt die Erbsenfüllung. Zuletzt legen Sie die dritte Teigplatte auf.

4. Mit einer Kuchenrolle kräftig über die gestapelten Fladen rollen. Damit die Rolle nicht anklebt, die obere Teigplatte leicht mit Mehl bestäuben. Nun noch seitlich mit der Gabel die Ränder rundum zusammendrücken.

5. Mit den übrigen Kugeln verfahren Sie genauso wie in Schritt 3 und 4 beschrieben. Die Parathas in heißem Öl in der Pfanne auf beiden Seiten knusprig braun backen.

TIPP Wenn Sie keinen Paneerkäse besorgen möchten, können Sie das Gericht auch mit Tofu zubereiten, oder Sie nehmen Frischkäse.

Zutaten für 4–6 Portionen

Für den Teig

250 Weizenvollkornmehl
½ TL Salz
1 TL Ghee
120–150 ml Wasser
Öl zum Backen

Für die Paneerfüllung

200 g Paneerkäse
2 EL fein gehacktes Koriandergrün
1 Msp. Chilipulver
Salz, Pfeffer

Für die Erbsenfüllung

200 g frische oder tiefgekühlte Erbsen
1 grüne Chilischote
1 EL Öl
½ TL Mangopulver
½ TL Garam Masala (gemahlen)
1 Prise Salz
2 EL fein gehacktes Koriandergrün

Zubereitungszeit 30 Minuten

Zwiebel-Pakoras

1. Die Knoblauchzehen abziehen und fein würfeln. Die Chili waschen, putzen, entkernen und ebenfalls fein würfeln. Ziehen Sie die Zwiebeln ab und schneiden Sie sie in feine Scheiben. Alles in eine große Schüssel geben.

2. Sieben Sie Kichererbsen- und Reismehl darüber. Geben Sie nun die übrigen Zutaten bis auf das Frittieröl sowie 150 ml Wasser dazu, mischen Sie alles gut durch und lassen Sie die Masse 20 Minuten ruhen.

3. Kneten Sie die Mischung nochmals durch, da die Zwiebeln Wasser abgeben. Wenn der Teig zu fest ist, noch etwas Wasser untermischen (die Konsistenz des Teiges sollte wie ein sämiger Pfannkuchenteig sein).

4. Geben Sie nun teelöffelweise die Masse in das heiße Fett. Lassen Sie die Pakoras knusprig braun werden. Nehmen Sie sie dann aus der Pfanne und lassen Sie das Fett abtropfen, indem Sie die Pakoras auf Küchenpapier legen. Heiß mit Chutney, z. B. Mango-Chutney mit Knoblauch (Rezept Seite 40), servieren.

Zutaten für 4 Portionen

- 3 Knoblauchzehen
- 1 grüne Chilischote
- 2 große Zwiebeln
- 125 g Kichererbsenmehl
- 50 g Reismehl
- 1 Msp. Backpulver
- 10 Curryblätter
- 3 EL gehacktes Koriandergrün
- ½ TL Fenchelsamen
- ½ TL Chilipulver
- 1 TL Ghee
- Salz
- Öl zum Frittieren

Zubereitungszeit 45 Minuten (inkl. Ruhezeit)

Brote & Snacks 55

Papadams aus dem Ofen

Zutaten für 4 Portionen

1 Pck. Papadams (Fertigprodukt)

Zubereitungszeit 2 Minuten (bei vorgeheiztem Ofen)

1. Heizen Sie den Grill in Ihrem Backofen vor. Geben Sie die Papadams auf ein Backblech und schieben Sie sie in den Ofen. Lassen Sie die Ofentüre einen Spalt offen, sonst fangen die Brotfladen Feuer.

2. Nach wenigen Sekunden sind auf den Papadams kleine Blasen sichtbar, dann die Fladen sofort herausnehmen. Wichtig: Bleiben Sie dabei und schauen Sie auf die Fladen, während sie rösten. Sie verbrennen sehr leicht.

INFO Papadams sind hauchdünne Fladen aus Mehl von Hülsenfrüchten (Linsen, Bohnen, Kichererbsen), manchmal auch gemischt mit Reismehl. Die Brotfladen werden klassisch in heißem Fett ausgebacken. Sie sind sehr knusprig – wie Kräcker – und sollten unmittelbar vor dem Verzehr zubereitet werden, damit sie keine Feuchtigkeit ziehen und weich werden.

KAREN KULINARISCH Diese Ofen-Papadams schmecken zwar etwas anders als Papadams, die im Fett ausgebacken werden, sind aber trotzdem lecker und haben vor allem deutlich weniger Kalorien, da kein Fett benötigt wird.

In Öl gebratenes Brot

1. Stellen Sie aus Mehl (ohne Maismehl), Trockenhefe, warmem Wasser, dem Salz, Zucker sowie 2 EL Öl einen mittelfesten Teig her. Den Teig dann mit einem sauberen Küchentuch zudecken und bei Zimmertemperatur gehen lassen, bis sich das Volumen in etwa verdoppelt hat. Das dauert etwa 1 Stunde.

2. Geben Sie dann das Maismehl dazu und kneten Sie den Teig nochmals einige Minuten gut durch.

3. Formen Sie aus dem Teig eine Rolle und schneiden Sie diese in 16 gleich große Stücke. Diese mit der Faust flach drücken und etwa ½ cm dick ausrollen.

4. Die Teigscheiben in heißem Öl auf beiden Seiten goldbraun backen und anschließend auf einem Papiertuch das überschüssige Öl abtropfen lassen.

TIPP Diese in Öl ausgebackenen Brote schmecken zu nahezu allen Currys, aber Sie können sie auch süß servieren: Dazu die Brote mit Puderzucker bestreuen und mit Ihrem Lieblingsgelee genießen.

Zutaten für 6–8 Portionen

400 g Mehl
1 Päckchen Trockenhefe
125 ml warmes Wasser
½ TL Salz
1 TL Zucker
2 EL Pflanzenöl für den Teig
100 g Maismehl
3 EL Pflanzenöl zum Braten

Zubereitungszeit 20 Minuten
Ruhezeit 1 Stunde

Samosas

Zutaten für 12 Stück

5 mittelgroße Kartoffeln
1 grüne Chilischote
1 kleine Zwiebel
1 EL Ghee
1 EL Currypulver
½ TL Garam Masala (gemahlen)
1 TL braune Senfsamen
1 TL fein geriebener Ingwer
3 EL Erbsen (tiefgekühlt)
2 EL gehacktes Koriandergrün
Salz, Pfeffer
1 Packung (275 g) frischer Blätterteig (aus dem Kühlregal des Supermarkts)
Ghee zum Einfetten

Zubereitungszeit 45 Minuten
Backzeit 15 Minuten

1. Die Kartoffeln als Pellkartoffeln kochen, schälen und zerdrücken. Inzwischen die Chili entkernen und hacken. Die Zwiebel abziehen und fein würfeln.

2. Erhitzen Sie das Ghee, und geben Sie das Currypulver, Garam Masala sowie die Senfsamen dazu und braten Sie die Gewürze bei mittlerer Hitze etwa 3 Minuten. Mischen Sie Ingwer, Chili und Zwiebeln unter und lassen Sie alles 5–10 Minuten weiterbraten, dabei immer wieder umrühren.

3. Nun die zerstampften Kartoffeln und die Erbsen zufügen. Koriander untermischen und mit Salz und Pfeffer abschmecken. Den Backofen auf 175 °C Umluft vorheizen und ein Blech einfetten.

4. Breiten Sie den Blätterteig auf der Arbeitsfläche aus und schneiden Sie daraus 12 Quadrate von etwa 10 x 10 cm. Platzieren Sie etwas von der Füllung in die Mitte und falten Sie die rechte untere Ecke zur linken oberen Ecke, so dass ein Dreieck entsteht. Drücken Sie die Ecken mit der Gabel fest. Wenn die Kante nicht schön ist, einfach mit einem Pizzarad oder dem Messer begradigen. Schieben Sie die Samosas für etwa 15 Minuten in den Ofen (Mitte): Sie sollten goldbraun sein. Mit der Minzsauce von Seite 60 servieren.

KAREN KULINARISCH Dieses Rezept ist erst im Laufe der Zeit zu dem geworden, wie Sie es hier lesen. Ich erinnere mich daran, dass wir die Samosas früher immer in Fett ausgebacken haben. Und den Teig hat meine Mutter selbst gemacht, das war auch nicht immer ein Blätterteig. Aber heutzutage muss es ja auch oftmals schnell gehen, und das Backen im Ofen spart Kalorien.

Minzsauce

Zutaten für 2 Portionen

1 Knoblauchzehe

2 EL fein geschnittenes Koriandergrün

2 EL fein geschnittene Minze

1 TL geriebener Ingwer

1 TL Kokosraspel

2 EL Zitronensaft

¾ TL brauner Zucker

3 EL Naturjoghurt (3,5 % Fett)

Salz zum Abschmecken

Zubereitungszeit 15 Minuten (inklusive Vorbereitung von Kräutern und Ingwer)

1. Den Knoblauch abziehen und fein hacken. Mischen Sie dann in einem Mixbecher Knoblauch, Koriandergrün, Minze, Ingwer und Kokosraspel, Zitronensaft, Zucker und den Joghurt. Pürieren Sie alles, bis eine homogene Masse entstanden ist.

2. Die Minzsauce mit Salz nach Geschmack würzen. Sie passt perfekt zu den Samosas von Seite 58. Träufeln Sie sie über die noch warmen, auf einer Platte angerichteten Teigtaschen.

TIPP Diese südindisch inspirierte Minzsauce schmeckt natürlich auch zu vielen anderen Gerichten. Zum Beispiel zum indischen Burger von Seite 116, zu Frikadellen oder Hackfleischröllchen, die Sie mit Kardamom würzen.

KAREN KULINARISCH Ein Fest der Aromen ist diese Minzsauce, ich liebe ganz besonders ihre Ingwernote und gebe gerne reichlich frisch geriebene Ingwerwurzel zu. So harmoniert die Sauce hervorragend zu gegrilltem Geflügel, etwa zu Chicken Wings auf indische Art, die sie vorher über Nacht in einer Marinade aus Joghurt, Knoblauch, etwas Öl und Cayennepfeffer einlegen.

Indische Tomatensauce

1. Ziehen Sie die Zwiebel ab und hacken Sie sie fein. Die Tomaten waschen, vierteln und dabei den Stielansatz entfernen. Pürieren Sie die Tomaten anschließend.

2. Erhitzen Sie das Öl in einer Pfanne und braten Sie darin die Zwiebel an. Geben Sie die Ingwer-Knoblauch-Paste dazu und braten Sie alles 2 Minuten. Chili-, Paprika- und Korianderpulver, Garam Masala, Cumin- und Kurkumapulver zufügen und das Ganze weitere 2 Minuten braten.

3. Dann geben Sie die Tomaten zur Gewürzmischung in die Pfanne und lassen das Ganze 3 Minuten kochen. Schmecken Sie die Sauce mit Salz und Zucker ab und pürieren Sie sie anschließend.

TIPP Die Sauce bereiten Sie idealerweise im Sommer zu, wenn Sie hocharomatische Tomaten aus Deutschland, am besten aus Ihrer Region, bekommen. Dann könnnen Sie die Tomatensauce in großen Mengen zubereiten und einfach portionsweise einfrieren. Die Sauce schmeckt zu Reis, allen Arten von indischem Brot und Geflügel.

Zutaten für 4 Portionen

1 Zwiebel

4 große aromatische Tomaten

Öl für die Pfanne

2 TL Ingwer-Knoblauch-Paste (abgezogener Knoblauch und Ingwer zu gleichen Mengen mit etwas Wasser püriert)

½ TL Chilipulver

2 TL Paprikapulver

2 TL Korianderpulver

1 TL Garam Masala (gemahlen)

½ TL Cuminpulver

½ TL Kurkumapulver

Salz, Zucker

Zubereitungszeit 25 Minuten

Minzebrot

1. Mischen Sie das gesiebte Mehl mit Salz und geben Sie die Milch dazu. Den Teig kneten und 15 Minuten ruhen lassen. Inzwischen die Minzeblätter im Mörser klein reiben oder durch ein Sieb streichen.

2. Formen Sie dann 5–6 Kugeln und rollen Sie diese auf einer bemehlten Arbeitsfläche ½–1 cm dick aus. Jeden Teigfladen mit 1–2 TL flüssigem Ghee bestreichen und mit Minzkrümeln und ½ TL Mehl bestreuen, damit der Fladen beim Backen schön aufgeht.

3. Falten Sie jeden Fladen wie eine Ziehharmonika und rollen Sie den gefalteten Teigstreifen dann zu einer Schnecke auf, das Ende gut andrücken. Die Schnecken umlegen und wiederum mit dem Teigroller zu einem ½–1 cm dicken Fladen ausrollen.

4. Backen Sie die Fladen in einer Pfanne in heißem Öl von beiden Seiten knusprig braun.

Zutaten für 5–6 Fladen

125 g Weizenvollkornmehl
125 g Weizenmehl
½ TL Salz
100 ml Milch
½ EL getrocknete Minzeblätter
2 EL Ghee
Mehl zum Arbeiten
Öl zum Backen

Zubereitungszeit 30 Minuten

KAREN KULINARISCH Diese minzaromatischen Brotfladen sind ideal für unterwegs: Uns schmecken sie schon pur hervorragend, wir haben sie aber auch schon mit Ziegenfrischkäse bestrichen genossen, zu gebratenen Hähnchenschenkeln und zu saftigem Gemüsesalat.

Zitronenreis

Zutaten für 4 Portionen

1 EL Ghee
etwa 15 schwarze Senfsamen
12 frische Curryblätter
30 g Cashewnüsse (oder ganze, abgezogene Mandeln)
1 Msp. Kurkumapulver
220 g Basmatireis
1 TL Salz
etwa 400 ml heißes Wasser
2 EL Zitronensaft

Zubereitungszeit 30 Minuten

1. Erhitzen Sie das Ghee in einem Topf und braten Sie die Senfsamen darin 2 Minuten an, dann die Curryblätter zugeben und mitbraten und nach weiteren 2 Minuten die Nüsse mit anbraten.

2. Geben Sie das Kurkumapulver und den Reis in den Topf und braten Sie den Reis 5 Minuten unter Wenden bei mittlerer Hitze.

3. Gießen Sie das heiße Wasser und den Zitronensaft in den Topf, fügen Sie das Salz zu und bringen Sie alles zum Kochen. Lassen Sie den Reis dann bei niedriger Hitze etwa 15 Minuten köcheln, bis er gar ist. Zwischendurch umrühren und bei Bedarf noch etwas Wasser zufügen.

KAREN KULINARISCH Man könnte es verwöhnt nennen, wenn ich sage, dass ich getrocknete Curryblätter ebenso ablehne wie getrocknetes Koriandergrün. Ich nenne das »achtsam«. Beide getrockneten Zutaten verleihen den Gerichten nicht annähernd das Aroma, wie ich es zu Hause kennengelernt habe. Besorgen Sie sich für den hier beschriebenen Zitronenreis daher unbedingt frische Curryblätter aus einem großen Asialaden (oder einem Asia-Onlineversand). Durch das Rösten entfalten sie ihr Aroma perfekt. Wenn Sie die Blätter von den Mittelrippen streifen, können Sie sie sogar mitessen.

Klassischer Tomatenreis

1. Waschen Sie den Reis. Erhitzen Sie das Öl und braten Sie Nelken, Zimtstange und Kardamom kurz an. Geben Sie dann den gewaschenen, abgetropften Reis in den Topf und dünsten Sie ihn glasig, etwa 3 Minuten. Dabei immer wieder umrühren.

2. Geben Sie nun die Dosentomaten (mit einer Gabel aus dem Tomatensaft heben), das Tomatenmark, Salz und die Gemüsebrühe dazu. Zusammen mit dem Tomatensaft aus der Tomatendose insgesamt 3 Tassen Tomatensaft-Wasser zugeben.

3. Den Reis 5 Minuten auf mittlerer Hitze kochen, ohne Deckel. Dann auf niedriger Stufe weiterkochen, etwa 10 Minuten mit geschlossenem Deckel. Zwischendurch umrühren. Vom Herd nehmen und mit geschlossenem Deckel noch etwa 10 Minuten stehen lassen. Mit der Gabel auflockern.

Zutaten für 4 Portionen

1 ½ Tassen Reis
2 EL Öl
4 Gewürznelken
1 Zimtstange (etwa 3 cm)
2 grüne Kardamomkapseln
400 g Tomaten (aus der Dose)
2 EL Tomatenmark
½–1 TL Salz
1 TL körnige Gemüsebrühe (Instant)
etwa 3 Tassen Wasser

Zubereitungszeit 30 Minuten

Vegetarisches 67

Tomatenreis mit Nüssen

Zutaten für 4 Portionen

2 TL geschälte, gespaltene
Kichererbsen (Chana Dal)

200 g Basmatireis

1 mittelgroße Zwiebel

2 EL Erdnüsse, Cashewnüsse
oder Mandeln

1 EL Ghee

je ½ TL Senf- und Kreuzkümmelsamen

12–15 frische Curryblätter

je ¼ TL Kurkuma- und
Chilipulver

½ TL Bockshornkleesamen

400 g stückige Tomaten
(aus der Dose)

1 EL Tomatenmark

5 EL Kokosmilch (nach Belieben)

Salz

2 EL fein gehacktes
Koriandergrün

Zubereitungszeit 30 Minuten
Einweichzeit 2 Stunden

1. Weichen Sie die Kichererbsen 2 Stunden ein.

2. Kochen Sie den Reis nach Packungsanweisung nur knapp gar, weil er anschließend noch etwas weiterkocht und stellen Sie ihn beiseite.

3. Die Zwiebel abziehen und würfeln. Die Nüsse in einer Pfanne ohne Fett rösten, bis sie duften, aus der Pfanne nehmen und beiseite stellen. Erhitzen Sie das Ghee und geben Sie die Senfsamen, Kreuzkümmelsa- men, Curryblätter und abgetropfte Kichererbsen dazu und braten Sie alles an. Geben Sie dann die Zwiebelwür- fel dazu und bräunen Sie sie leicht an.

4. Mischen Sie nun Kurkuma- und Chilipulver sowie die Bockshornkleesamen darunter. Dann die Tomaten, das Tomatenmark und nach Belieben etwas Kokosmilch dazugeben und alles offen etwa 20 Minuten weitergaren lassen, damit die Flüssigkeit einkocht.

5. Geben Sie den Reis dazu. Den Tomatenreis mit Salz würzen, zuletzt das Koriandergrün und die gerösteten Nüsse untermischen und das Ganze vor dem Servieren nochmals 5 Minuten garen.

Koriander-Tomaten-Reis

Zutaten für 4 Portionen

200 g Basmatireis
1 mittelgroße Zwiebel
1 EL Ghee
½ TL Senfsamen
½ TL Kreuzkümmelsamen
5 frische Curryblätter
2 EL gegarte Kichererbsen aus der Dose
¼ TL Kurkumapulver
½ TL gemahlener Bockshornkleesamen
etwas Chilipulver (nach Belieben)
1 EL Tomatenmark
400 g gehackte Tomaten aus der Dose
etwas Kokosmilch
Salz
Korianderblättchen und Cashewnüsse zum Bestreuen

Zubereitungszeit 20 Minuten

1. Kochen Sie den Reis nach Packungsanleitung. Inzwischen die Zwiebel abziehen und würfeln. Erhitzen Sie das Ghee. Lassen Sie die Senfsamen, die Kreuzkümmelsamen und die Curryblätter darin kurz unter gelegentlichem Wenden anbräunen.

2. Geben Sie die abgetropften Kichererbsen und die Zwiebel zu den Gewürzen und lassen Sie diese unter gelegentlichem Wenden ebenfalls leicht anbräunen.

3. Kurkuma, Bockshornkleesamen und nach Belieben Chilipulver untermischen. Das Tomatenmark dazugeben und gut untermischen. Die Tomatenwürfel zufügen und etwas Kokosmilch.

4. Das Ganze aufkochen und 3 Minuten garen. Den gekochten Reis untermischen und das Gericht mit Salz abschmecken. Mit Koriander und Cashewnüssen bestreut servieren.

TIPP Statt der gegarten Kichererbsen aus der Dose können Sie auch getrocknete verwenden, die Sie vorab mindestens 6 Stunden in Wasser einweichen. Und wenn Sie gerade aromatische Sommertomaten zu einem guten Preis bekommen, können Sie Ihr Tomatenragout auch selbst zubereiten, statt Tomaten aus der Dose zu nehmen. Die Früchte mit kochendem Wasser überbrühen, einige Minuten darin ziehen lassen, dann häuten und in Stücke schneiden.

Pulao – Pilaw-Reis

1. Den Reis in einem Sieb unter fließendem Wasser waschen und abtropfen lassen. Ziehen Sie 5 Zwiebeln ab und hacken Sie sie fein. Den Knoblauch, falls gewünscht, abziehen und ebenfalls fein hacken.

2. Erhitzen Sie in einem Kochtopf 3 EL Pflanzenöl und braten Sie Cashewnüsse, Nelken, Kardamomkapseln, Zimt und Kreuzkümmelpulver darin etwa 2 Minuten an. Anschließend die gehackten Zwiebeln und den Knoblauch hinzugeben und das Ganze weitere 2 Minuten braten. Fügen Sie die Rosinen, Salz und Kurkumapulver zu und braten Sie alles kurz etwa 1 Minute mit an.

3. Den abgetropften Reis gut untermischen, sodass er ringsum vom Öl benetzt ist. Den Reis noch höchstens 1 Minute unter ständigem Rühren mit anbraten. Anschließend mit Brühe oder Wasser aufgießen. Alles einmal aufkochen lassen, dann den Reis nicht mehr umrühren, sondern einen dicht schließenden Deckel auflegen und den Reis auf niedriger Stufe weiterköcheln lassen. Bis der Reis gar ist, wird es 15–20 Minuten dauern.

4. Schalten Sie anschließend die Kochplatte aus und lassen Sie den Reis zugedeckt etwa 10 Minuten nachquellen. Inzwischen das Koriandergrün grob hacken. Die übrige Zwiebel abziehen, in Ringe schneiden und in 1 EL Öl braun anbraten. Das Gericht vor dem Servieren mit Koriandergrün und gebratenen Zwiebelringen garnieren.

TIPP Dieser Pilaw-Reis schmeckt sehr gut zu Fisch und hellem Fleisch. Sie können ihn vor dem Servieren auch noch mit gehackten Chilischoten oder Pfeffer würzen.

Zutaten für 4 Portionen

250 g Langkornreis

6 Zwiebeln

1 Knoblauchzehe (nach Wunsch)

4 EL Pflanzenöl

120 g Cashewnüsse

4 Gewürznelken

2 Kardamomkapseln

ein Stück Zimtstange (ca. 2 cm lang)

2 TL gemahlener Kreuzkümmel

120 g Rosinen

Salz

1 TL Kurkumapulver

500 ml Gemüsebrühe (Instant) oder kochendes Wasser

1 Bund Koriandergrün zum Garnieren

Zubereitungszeit 50 Minuten

Vegetarisches

Schneller Gewürzreis

Zutaten für 4 Portionen

1 kleine Zwiebel

2 Knoblauchzehen

2 EL Ghee

1 ½ TL gehackter Ingwer

400 g Basmati- oder anderer
Langkornreis

½ TL Salz

1 TL gemahlener Kreuzkümmel

3 grüne Kardamomkapseln

3 Gewürznelken

1 große Zimtstange

3 Pfefferkörner

600 ml Wasser

Zubereitungszeit 40 Minuten

1. Die Zwiebel und den Knoblauch jeweils abziehen und fein würfeln. Erhitzen Sie das Ghee in einem Topf und braten Sie die Zwiebelwürfel darin glasig an. Ingwer und Knoblauch dazugeben und kurz mit anbraten (die Zwiebelwürfel dürfen hellbraun sein).

2. Geben Sie nun Reis, Salz, Kreuzkümmel, Kardamom, Gewürznelken und Zimtstange dazu und braten Sie alles kurz bei mittlerer Hitze. Dabei immer wieder rühren, damit der Reis nicht anbrennt. Darauf achten, dass die Zwiebelwürfel nicht zu dunkel werden.

3. Mit Wasser aufgießen und abgedeckt köcheln lassen, bis der Reis gar ist.

TIPP Wenn Sie den Reis vor dem Kochen in Fett anbraten, so wie es hier beschrieben wird, bekommt er einen angenehm würzigen Geschmack und klebt nicht zusammen.

72 Vegetarisches

KAREN KULINARISCH Das ist ein Reis, den Sie zu fast allen Hauptspeisen reichen können. Meine Tante Ellen hat manchmal Erbsen untergemischt oder ein verquirltes Ei in der Pfanne als Rührei gebraten und unter den Reis gegeben. Sie können auch kleine Karottenwürfel anbraten, mit etwas Wasser aufgießen und, wenn sie weich sind, unter den Reis heben. Oder alle drei genannten Zutaten zusammen. Schmeckt lecker!

Kartoffelcurry

Zutaten für 4 Portionen

700 g Kartoffeln
1 Zwiebel
2 Knoblauchzehen
1 frische rote Chilischote
2 TL braune Senfsamen
1 EL Ghee
1 TL gehackter Ingwer
1 TL Kurkumapulver
2 TL Kreuzkümmelpulver
1 TL Garam Masala (gemahlen)
etwa 100 ml Wasser
100 g Erbsen (tiefgekühlt)
2 EL gehacktes Koriandergrün

Zubereitungszeit 45 Minuten

1. Schälen Sie die Kartoffeln und schneiden Sie sie in mundgerechte Stücke. Die Zwiebel abziehen und in feine Streifen schneiden. Den Knoblauch abziehen und fein würfeln. Die Chilischote waschen, putzen, entkernen und hacken.

2. Rösten Sie die Senfsamen in der Pfanne ohne Fett, bis sie anfangen zu springen. Ghee, Zwiebel, Knoblauch und Ingwer dazugeben und alles kurz anbraten.

3. Geben Sie die gehackte Chilischote, Kurkuma- und Kreuzkümmelpulver sowie Garam Masala dazu und braten Sie alles kurz mit an.

4. Die Kartoffelwürfel untermengen, das Wasser zufügen und alles köcheln lassen, bis die Kartoffeln fast gar sind. Fügen Sie die Erbsen zu und lassen Sie alles weitere 5 Minuten kochen. Mit Koriandergrün bestreut servieren.

Champignoncurry
mit Erbsen

1. Zwiebeln und Knoblauchzehen abziehen und fein würfeln. Die Chilischote waschen, putzen, entkernen und ebenfalls fein würfeln. Die Tomaten waschen und in kleine Stücke schneiden.

2. Champignons abreiben, trockene Stielenden abschneiden bzw. die gesamten Stiele herausdrehen und wegwerfen. Die Pilze in relativ dicke Scheiben schneiden, kleine Exemplare vierteln.

3. Die Zwiebelwürfel in Butter anbraten und das Salz zugeben. Ingwer und Knoblauch zugeben und alles 1 Minute weiterbraten. Grüne Chiliwürfelchen, Cayennepfeffer, Currypulver und die Tomaten zugeben und das Ganze 5 Minuten braten.

4. Nun die Champignons sowie die Erbsen zugeben, das Wasser einrühren und das Curry weitere 5–10 Minuten kochen. Nach Belieben ein paar Löffel Sahne zugeben, das macht das Ganze noch etwas cremiger. Garam Masala und ein paar Tropfen Zitronensaft unterheben und mit Koriander bestreuen.

Zutaten für 4 Portionen

2 Zwiebeln

1 Knoblauchzehe

1 grüne Chilischote

4 Tomaten

500 g Champignons

2 EL Butter

1 TL Salz

1 TL fein geriebener Ingwer

1 TL Cayennepfeffer

3 TL Currypulver

100 ml Wasser

200 g Erbsen (frisch oder tiefgekühlt)

2–3 EL Sahne (nach Belieben)

1 TL Garam Masala (gemahlen)

Zitronensaft

2 EL gehacktes Koriandergrün

Zubereitungszeit 35 Minuten

Vegetarisches

Gemüsebratlinge

1. Das Gemüse putzen, schälen und in Würfel schneiden. Die Zwiebel und den Knoblauch abziehen und fein würfeln. Die Chilischoten waschen, putzen, entkernen und hacken.

2. Erhitzen Sie das Ghee. Braten Sie die Gemüsewürfel 10 Minuten an. Zwiebel, Knoblauch, Ingwer und Chili dazugeben und das Ganze weitere 5–10 Minuten braten.

3. Die Masse etwas abkühlen lassen. Dann Semmelbrösel, Ei, Garam Masala, Salz und den frischen Koriander dazumischen und alles ganz kurz pürieren. 30 Minuten kalt stellen.

4. Aus dem Teig 14–16 Bällchen formen und leicht platt drücken. Die Bratlinge in heißem Öl bei mittlerer Hitze in 7–10 Minuten unter Wenden knusprig braten.

Zutaten für 4 Portionen

700 g Gemüse (300 g Pastinaken, 200 g Kartoffeln, 200 g Karotten)

1 große Zwiebel

1 Knoblauchzehe

2 grüne Chilischoten

2 EL Ghee

2 TL gehackter Ingwer

1–2 EL Semmelbrösel

1 Ei (Größe L)

1 TL Garam Masala, ½ TL Salz

1 EL gehacktes Koriandergrün

Öl zum Braten

Zubereitungszeit 50 Minuten
Kühlzeit 30 Minuten

KAREN KULINARISCH Oft stelle ich den Teig für diese gemüsigen Frikadellen vorab her und lasse ihn bis zur Essenszeit mehrere Stunden im Kühlschrank. Dann muss nur noch gebraten und ein Joghurtdip angerührt werden, und das Essen steht richtig schnell auf dem Tisch. Ich verwende an Gemüse, was ich gerade dahabe: statt Pastinaken etwa Sellerie, Fenchel oder Mairübchen.

Vegetarische
Kartoffelbällchen

Zutaten für 4 Portionen

Für die Füllung

600 g Kartoffeln
Salz
1 grüne Chilischote
2 Knoblauchzehen
1 TL schwarze Senfsamen
2 EL Ghee
1 TL Kreuzkümmelsamen
20 frische Curryblätter
½ TL Kurkumapulver
2 EL gehacktes Koriandergrün

Für den Teig

220 g Kichererbsenmehl
Salz
1 Prise Natron
Öl zum Frittieren

Zubereitungszeit 40 Minuten

1. Die Kartoffeln waschen und in der Schale im Salzwasser gar kochen. Inzwischen die Chilischote waschen, putzen, entkernen und hacken. Den Knoblauch abziehen und fein würfeln. In einer trockenen Pfanne die Senfsamen kurz anbraten, bis sie hüpfen. Dann Ghee, Kreuzkümmel und Curryblätter dazugeben und 12 Minuten anbraten. Curryblätter herausnehmen, sie werden nicht mehr benötigt.

2. Pellen und zerdrücken Sie die Kartoffeln. Geben Sie nun Kurkuma, Salz, Knoblauch, Chili und Koriander dazu. Auch die angebratenen Kreuzkümmelsamen zur Kartoffelmasse geben und alles gut vermischen. Formen Sie aus dem Kartoffelteig tischtennisballgroße Bällchen.

3. In einem hohen Topf das Frittierfett erhitzen, bis an einem hineingehaltenen Holzstäbchen Blasen aufsteigen. Alternativ das Fett in einer Fritteuse mittelstark erhitzen.

4. Für den Teig vermischen Sie in einer Schüssel das Kichererbsenmehl mit Salz, Natron und etwas Wasser zu einem zähflüssigen Teig. Tauchen Sie die Kartoffelbällchen in den Teig und backen Sie sie im heißen Öl goldbraun. Anschließend die Kartoffelbällchen auf Küchenpapier abtropfen lassen.

Gebratener Weißkohl

1. Vom Kohlkopf unschöne äußere Blätter entfernen und den Strunk keilförmig herausschneiden. Kohlkopf in zwei Viertel und diese quer in Streifen schneiden. Die Zwiebel abziehen und fein würfeln. Die Chilischote waschen, putzen, entkernen und fein hacken.

2. Das Öl in einer Pfanne erhitzen und die Senfsamen kurz anbraten. Danach Zwiebelwürfel, Kohlstreifen, Chili, Kurkuma, Gemüsebrühe und etwas Salz dazugeben und alles 10–15 Minuten leicht anbräunen. Bei Bedarf 1–2 EL Wasser angießen.
Passt als Beilage zu Reis und Currys.

TIPP Wer einen milderen Kohlgeschmack bevorzugt, nimmt für dieses Rezept den seit einigen Jahren hierzulande erhältlichen Jaroma-Kohl oder Spitzkohl. Beide Kohlarten, der eine in der Form platt-oval, der andere – wie sein Name schon sagt – spitz, garen außerdem etwas schneller als normaler Weißkohl.

Zutaten für 4 Portionen

½ kleiner Weißkohlkopf
1 kleine Zwiebel
1 grüne Chilischote
2 EL Öl
1 TL braune Senfsamen
½ TL Kurkumapulver
½ TL gekörnte Gemüsebrühe (Instant)
Salz

Zubereitungszeit 30 Minuten

Vegetarisches 79

Currygemüse mit Mangopulver

Zutaten für 4 Portionen

1 große Zwiebel

3 mittelgroße Kartoffeln

200 g grüne Bohnen
(tiefgekühlt oder frisch)

1 EL Ghee

1 TL schwarze Senfsamen

200 g Kokosmilch

200 ml Gemüsebrühe

3 EL Tomatenmark

3 EL mildes Currypulver

½ TL Mangopulver

200 g Blumenkohlröschen

100 g Erbsen (tiefgekühlt)

3 EL gehacktes Koriandergrün

Zubereitungszeit 45 Minuten

1. Ziehen Sie die Zwiebel ab und schälen Sie die Kartoffeln, würfeln Sie beides fein. Falls Sie frische Bohnen verwenden, diese waschen und putzen.

2. In einem Topf das Ghee erhitzen. Zwiebel darin goldbraun rösten und die Senfsamen dazugeben. Nach etwa 5 Minuten Kokosmilch und Brühe dazugeben. Tomatenmark, Currypulver und Mangopulver einrühren und das Ganze zum Kochen bringen.

3. Die Kartoffeln dazugeben und bei mittlerer Hitze kochen lassen. Nach etwa 15 Minuten Bohnen und Blumenkohlröschen dazugeben. (Beide Gemüse benötigen mindestens 10 Minuten Garzeit.) Nach weiteren 5 Minuten Garzeit die Erbsen zugeben.

4. Das Currygemüse mit gehacktem Koriandergrün bestreut servieren.

TIPP Verzichten Sie keinesfalls auf das Mangopulver (indisch/englisch Amchoor), es gibt dem Gericht eine ganz besondere fruchtig-feinsäuerliche Note! Sie bekommen das Würzpulver im Asialaden.

Blumenkohlgemüse

1. Den Backofen auf 220 °C vorheizen. Den Blumenkohl waschen, putzen und in große Röschen zerteilen (Stielabschnitte und Strunk werden für dieses Rezept nicht benötigt, sie können für eine Gemüsesuppe verwendet werden). Ein Backblech mit dem Öl einfetten.

2. Mischen Sie Koriander, Cumin, Currypulver, Kurkuma und Garam Masala in einer großen Schüssel und geben Sie die Blumenkohlröschen dazu. Mit Salz und nach Belieben Pfeffer würzen. Alles gut mischen, damit der Kohl mit den Gewürzen gleichmäßig bedeckt ist.

3. Legen Sie die Blumenkohlröschen auf das Backblech und rösten Sie sie im Ofen, bis sie goldbraun und die Stiele bissfest sind. Das dauert etwa 25 Minuten. Nach Geschmack mit Ingwer und Zitronenabrieb bestreuen.

Zutaten für 4–6 Portionen

1 Blumenkohl
2 TL Öl
1 TL Korianderpulver
1 TL Cuminsamen
1 TL Currypulver
1 TL Kurkumapulver
½ TL Garam Masala
½ TL Salz
Pfeffer nach Belieben
1 TL fein gehackter Ingwer
etwas abgeriebene Schale einer unbehandelten Zitrone

Zubereitungszeit 40 Minuten

KAREN KULINARISCH Wunderbar einfach ist dieses Ofengemüse und dabei so herrlich aromatisch. Darum ist der würzige Blumenkohl bei mir immer wieder mit im Rennen, wenn viele Gäste bewirtet werden wollen. Auf so ein Backblech passt schließlich viel Blumenkohl …

Rote-Linsen-Dal

Zutaten für 4 Portionen

220 g rote Linsen
450 ml Wasser
½ TL Kurkumapulver
2 TL Korianderpulver
1 grüne Chilischote
3 Tomaten
1 mittelgroße Zwiebel
Salz
6 frische Curryblätter
1–2 EL Ghee
1 EL gehacktes Koriandergrün

Zubereitungszeit 40 Minuten

1. Waschen Sie die Linsen und geben Sie sie in einen Topf mit Wasser, Kurkuma- und Korianderpulver und lassen Sie sie etwa 15–20 Minuten köcheln.

2. Inzwischen die Chilischote waschen, putzen, entkernen und hacken. Die Tomaten mit kochendem Wasser überbrühen, häuten und in Würfel schneiden. Die Zwiebel abziehen und fein würfeln.

3. Mit einem Kartoffelstampfer können Sie die Linsen, wenn Sie möchten, etwas zerstampfen. Geben Sie anschließend die gehackte Chili, die Tomaten, Salz und die Curryblätter dazu und lassen Sie das Ganze weitere 25–30 Minuten köcheln.

4. Währenddessen braten Sie die Zwiebel in einer Pfanne in dem Ghee goldbraun an. Geben Sie die Zwiebel dann auf das angerichtete Dal. Mit gehacktem Koriandergrün bestreuen.

Vegetarisches

Toor Dal

1. Waschen Sie das Toor Dal, ziehen Sie die Zwiebeln ab und schneiden Sie sie klein. Die Linsen mit dem Wasser, den Zwiebeln und den geputzten, klein geschnittenen grünen Chilischoten weich kochen (gemäß Anweisung auf der Linsenpackung). Zerdrücken Sie die Linsen anschließend ein wenig mit einem Kartoffelstampfer.

2. Den Knoblauch abziehen und fein würfeln. Erhitzen Sie das Öl und geben Sie die Senfsamen und Kreuzkümmel dazu. Wenn die Senfsamen anfangen zu springen, geben Sie den Knoblauch und Ingwer dazu. Nach etwa 3 Minuten Curryblätter, Chili-, Koriander- und Kurkumapulver dazugeben. Lassen Sie alles kurz braten und geben Sie diese Gewürzmischung dann zu den Linsen.

3. Fügen Sie Salz dazu und lassen Sie alles 3 Minuten köcheln. Bei Bedarf etwas Wasser dazugeben, sollte Ihnen das Dal zu dickflüssig sein. Das Gericht mit Koriandergrün garniert servieren.

TIPP Toor Dal (»tuhr« ausgesprochen) bekommen Sie im indischen bzw. asiatischen Lebensmittelladen. Es handelt sich bei den glänzenden gelben halbierten Erbsen um die geschälten Hülsenfrüchte der Straucherbse.

Zutaten für 4 Portionen

250 g Toor Dal (s. Tipp)

500 ml Wasser

2 Zwiebeln

2 grüne Chilischoten

1 große Knoblauchzehe

1 TL Öl

1 TL braune Senfsamen

1 ½ TL Kreuzkümmel

1 TL gehackter Ingwer

8–10 frische Curryblättter

1 TL Chilipulver

1 TL Korianderpulver

½ TL Kurkumapulver

1 TL Salz

gehacktes Koriandergrün zum Garnieren

Zubereitungszeit 40 Minuten

Dal mit Spinat

Zutaten für 4 Portionen

125 g rote Linsen
200 g frische Spinatblätter
2 Knoblauchzehen
½ Zwiebel
2 EL Ghee
½ TL fein gehackter Ingwer
½ TL Safranfäden
Salz
etwas gekörnte Gemüsebrühe (Instant)

Zubereitungszeit 45 Minuten
Einweichzeit 20 Minuten

1. Die Linsen 20 Minuten in Wasser einweichen lassen, das Wasser dann abgießen.

2. Inzwischen den Spinat verlesen, waschen und abtropfen lassen. Den Knoblauch abziehen und fein würfeln. Die Zwiebeln abziehen und in Streifen schneiden.

3. Erhitzen Sie das Ghee in der Pfanne. Dünsten Sie die Zwiebeln, bis sie leicht goldbraun sind. Dann Knoblauch und Ingwer zufügen und ebenfalls leicht anbraten. 400 ml Wasser zum Kochen bringen.

4. Geben Sie den Safran und die abgetropften Linsen zur Zwiebelmischung und braten Sie diese bei mittlerer Temperatur kurz mit. So viel kochendes Wasser zugießen, dass die Linsen bedeckt sind. Das Ganze köcheln lassen, bis die Linsen weich sind (das dauert 15–20 Minuten).

5. Inzwischen den Spinat blanchieren und kalt abschrecken. Zu den Linsen geben. Schmecken Sie das Dal vor dem Servieren mit Salz und eventuell ein wenig gekörnter Gemüsebrühe ab.

TIPP Erwachsene können die Spinat-Linsen auch »hot« zubereiten. Eine Chilischote entkernen, klein hacken und mit anbraten, wenn Sie die Zwiebel anbraten.

KAREN KULINARISCH Essen Ihre Kinder keinen Spinat? Denn versuchen Sie doch einmal dieses Rezept. Meine Kleinen lieben es, wenn ich die Spinat-Linsen püriere. Wenn die Konsistenz zu fest ist, einfach etwas Wasser dazugeben. Dazu mache ich Ihnen oft Salzkartoffeln, die sie dann selbst mit der Gabel zerdrücken und anschließend das Dal untermischen.

Linsen mit Kürbis

Zutaten für 4 Portionen

300 g gelbe Linsen
1 getrocknete Chilischote
1 TL Kurkumapulver
750 ml Wasser
Koriandergrün oder Petersilie
zum Garnieren nach Belieben

Für das Gemüse

1 Stück Ingwer (ca. 2 cm)
2 mittlere Knoblauchzehen
2 Zwiebeln, 3 EL Öl
2 TL Fenchelsamen
2 TL Kreuzkümmelsamen
50 g Kokosraspel
250 g geputzter Hokkaidokürbis
(ungeschält)
2 Tomaten
1 Prise Zimtpulver
1 TL Garam Masala (gemahlen)
1 TL Salz

Für die Sauce

75 g Sonnenblumenkerne
2 EL Sonnenblumenöl
50 ml milder Essig, 1 TL Salz

Außerdem

Schnellkochtopf

Zubereitungszeit 45 Minuten

1. Die Linsen waschen, zusammen mit Chilischote, Kurkumapulver und dem Wasser in einen Schnellkochtopf geben und 10–15 Minuten kochen.

2. Ziehen Sie in der Zwischenzeit für das Gemüse den Ingwer und den Knoblauch ab, zerkleinern Sie beides grob und pürieren Sie beides zusammen mit 2 EL Wasser. Die Mischung beiseite stellen.

3. Für das Gemüse ziehen Sie die Zwiebeln ab und hacken sie. 3 EL Öl in einer Pfanne erhitzen, Fenchelsamen, Kreuzkümmelsamen, Kokosraspel und Zwiebeln darin anbraten und mit dem Ingwer-Knoblauch-Wasser aufgießen. Vermengen Sie diese Würzmischung mit den gegarten Linsen. Die Chilischote entfernen.

4. Schneiden Sie den Kürbis klein und geben Sie die Stücke in einen Topf. Die Tomaten waschen, ohne die Stielansätze fein hacken und zusammen mit Zimt, Garam Masala sowie 1 TL Salz zum Kürbis geben. Aufkochen und etwa 10 Minuten kochen lassen.

5. Für die Sauce die Sonnenblumenkerne, das Sonnenblumenöl, 100 ml Wasser sowie Essig und Salz in einen Mixer geben und alles pürieren. Geben Sie die Sonnenblumenkernsauce zu den Linsen und lassen Sie alles nochmals 5 Minuten kochen.

6. Das Kürbisgemüse mit den Linsen anrichten. Nach Belieben mit Koriandergrün oder Petersilie garnieren.

Kichererbsen-Korma

1. Weichen Sie die Kichererbsen in einem Topf gut von Wasser bedeckt über Nacht (12 Stunden) ein.

2. Am nächsten Tag die Zwiebel und den Knoblauch abziehen und fein würfeln. Die Chilischoten waschen, putzen, entkernen und hacken.

3. Das Ghee in einer Pfanne erhitzen, Kardamom, Zimt, Koriander und Kreuzkümmel kurz darin anbräunen. Geben Sie dann Zwiebel, Knoblauch und den Ingwer, nach Belieben auch gehackte Chilis zu und lassen Sie alles kurz mitbräunen. (Wenn keine Kinder mitessen, würde ich auf jeden Fall Chili dazugeben).

4. Zuletzt die Mandeln unterrühren. Die abgetropften Kichererbsen und die Kokosmilch zufügen und das Korma etwa 1 Stunde bei geringer Hitze ohne Deckel köcheln lassen. Mit Zucker, Salz und Garam Masala abschmecken.

TIPP Es gibt im Supermarkt (auch im deutschen) vorgegarte Kichererbsen zu kaufen (im Glas oder in der Dose), damit sparen Sie sich die Einweichzeit.

Zutaten für 4 Portionen

220 g getrocknete Kichererbsen
1 große Zwiebel
2 Knoblauchzehen
1–2 EL Ghee
½ TL Kardamompulver
½ TL Zimtpulver
2 TL Korianderpulver
2 TL Kreuzkümmelpulver
2 TL gehackter Ingwer
1–2 grüne Chilischoten (nach Belieben)
50–70 g gemahlene Mandeln
1 Dose Kokosmilch (400 g)
Salz, brauner Zucker
½ TL Garam Masala (gemahlen)

Zubereitungszeit 15 Minuten
Einweichzeit 12 Stunden
Garzeit 1 Stunde

Vegetarisches **87**

Tofu mit getrockneten Tomaten

1. Weichen Sie die getrockneten Tomaten in Wasser etwa 1 Stunde ein und schneiden Sie sie anschließend in feine Streifen.

2. Schneiden Sie den Tofu in etwa 2 cm große Würfel. Die Zwiebel abziehen und fein würfeln. Die Chilischote waschen, putzen, entkernen und ebenfalls fein würfeln. Die Tomaten in Würfel schneiden.

3. Braten Sie die Senfsamen in heißem Ghee, bis sie anfangen zu springen. Geben Sie die Zwiebel dazu und lassen Sie die Masse 5 Minuten anbräunen. Mischen Sie anschließend den Tofu, die Chiliwürfel, Koriander- und Kreuzkümmelpulver, die Pfefferkörner sowie den Bockshornklee dazu und braten Sie alles für etwa 10 Minuten, dabei immer wieder umrühren.

4. Nun die Erbsen, die getrockneten und die frischen Tomaten dazugeben. Kochen Sie alles weitere 5–10 Minuten bei kleiner Hitze.

5. Falls nötig, mit Salz abschmecken (Vorsicht: die getrockneten Tomaten, die man bei uns kaufen kann, sind oft schon gesalzen). Eventuell mit etwas Wasser aufgießen. Sie können die Tofumischung in Wraps wickeln oder mit indischem Brot essen.

Zutaten für 4 Portionen

4 getrocknete Tomatenhälften

200 g Tofu

1 Zwiebel

1 grüne Chilischote

2 Tomaten

1 TL braune Senfsamen

2 EL Ghee

2 TL Korianderpulver

1 TL Kreuzkümmelpulver

6–8 schwarze Pfefferkörner

½ TL gemahlener Bockshornkleesamen

3 EL TK-Erbsen

Salz

Zubereitungszeit 40 Minuten
Einweichzeit 1 Stunde

Paneer mit Gemüse

Zutaten für 4 Portionen

350 g Paneerkäse

3 EL Öl

1 Zwiebel

je ½ rote und gelbe Paprikaschote

1 rote Chilischote

5 mittelgroße Tomaten

1 Frühlingszwiebel

1 TL Koriandersamen

1 TL gehackter Ingwer

1 TL gemahlener Bockshornklee (Blätter)

1 TL Garam Masala (gemahlen)

1 TL Honig

1 EL gehacktes Koriandergrün

Zubereitungszeit 40 Minuten

1. Den Paneerkäse in mundgerechte Würfel schneiden. Braten Sie die Käsewürfel anschließend in 2 EL Öl rundherum goldbraun an und lassen Sie sie dann auf Küchenpapier abtropfen.

2. Die Zwiebel abziehen und fein würfeln. Die Paprikahälften und die Chilischote waschen und putzen. Von den Paprikahälften ein paar längliche feine Streifen abschneiden und beiseite legen. Übrige Paprika und Chili jeweils in Würfel schneiden. Die Tomaten ebenfalls waschen und klein würfeln. Schneiden Sie die Frühlingszwiebel längs auf, dann waschen Sie sie, schneiden sie in etwa 5 cm lange Stücke und diese jeweils längs in sehr feine Streifen.

3. Braten Sie in einer Pfanne mit 1 EL Öl die Koriandersamen, den Ingwer, Bockshornklee, Chili und die Zwiebel etwa 10 Minuten an. Geben Sie die Paprikawürfel und kurz danach die Tomatenwürfel dazu. Geben Sie das Garam Masala dazu und lassen Sie alles kurz köcheln. Zuletzt den Honig zufügen.

4. Geben Sie den Paneer zu dem Gemüse und lassen Sie alles einige Minuten kochen. Mit den Paprikastreifen, Frühlingszwiebelstreifen und Koriander garnieren.

TIPP Sie können Paneer auch ganz einfach selbst machen (siehe das Rezept auf Seite 92)

Paneerkäse selbst gemacht

Zutaten für 6–8 Portionen

1 l Vollmilch
(WICHTIG: keine pasteurisierte
Milch und keine mit 1,5 % Fett)
5 EL Zitronensaft

Außerdem

1 dünn gewebtes sauberes Tuch
(Moltontuch aus der Apotheke
besorgen oder eine Stoffwindel
nehmen – ein Geschirrtuch ist in
der Regel zu dick).

**Zubereitungszeit 20 Minuten
Ruhezeit 1 Tag**

1. Kochen Sie die Milch auf und nehmen Sie sie vom Herd. Geben Sie nach und nach 3 EL Zitronensaft unter möglichst wenig Rühren zu, bis die Milch gerinnt. Sollte sie noch nicht gerinnen, kochen Sie die Milch nochmals auf und fügen Sie etwas mehr Zitronensaft dazu. Rühren Sie die Milch währenddessen so wenig wie möglich um.

2. Die geronnene Milch in ein Sieb, das mit einem feinen Tuch ausgelegt ist, gießen. Danach noch 30 Sekunden kaltes Wasser über das Tuch mit der geronnenen Milch laufen lassen, damit der Zitronensaft ausgewaschen wird. Dann die geronnene Milch im Tuch einschnüren und nochmals Flüssigkeit herausdrücken.

3. Das Milchsäckchen flach drücken und auf einen umgedrehten Teller oder ein Brett legen, und das flache Milchsäckchen beschweren (z. B. mit einem mit Wasser gefüllten Topf), damit die restliche Flüssigkeit seitlich ablaufen kann. Kühl lagern und erst nach etwa 1 Tag verwenden.

Paneer-Masala

1. Den Paneerkäse in mundgerechte Würfel schneiden und im Öl anbraten. Geben Sie dann 3 EL heißes Wasser darüber. Das Wasser nach 5 Minuten abgießen und den Käse beiseite stellen.

2. Die Tomaten kurz blanchieren, häuten und ohne die Stielansätze pürieren. Verarbeiten Sie die Cashewnüsse separat mit ein wenig Wasser zu Püree. Zwiebeln und Knoblauch abziehen, den Ingwer schälen und alles grob zerkleinern, mit etwas Wasser ebenfalls pürieren.

3. Erhitzen Sie 2 TL Butter und braten Sie das Zwiebelpüree darin kurz an. Fügen Sie das Chili- und Kurkumapulver und die Nusspaste hinzu und lassen sie auch diese einige Minuten anbraten. Inzwischen verarbeiten Sie im Mörser die Gewürznelken und Kardamomkapsel mit etwas Wasser zu Püree.

4. Tomatenpüree, Bockshornklee, Korianderpulver, die pürierte Nelken-Kardamom-Mischung, die Zimtstange und Salz dazugeben. Das Ganze weitere 5 Minuten garen, damit die Gewürze ihr Aroma gut entfalten können.

5. Geben Sie den Paneer dazu und lassen Sie ihn 5 Minuten garen. Etwas Wasser dazufügen, wenn sie eine flüssigere Konsistenz bevorzugen, und das Masala weitere 10 Minuten köcheln lassen. Geben Sie zuletzt die restliche Butter und die Sahne dazu.

Zutaten für 4 Portionen

250 g Paneerkäse

1 TL Öl

3–4 große Tomaten

10 Cashewnüsse

3 mittelgroße Zwiebeln

1 Knoblauchzehe

1 daumennagelgroßes Stück Ingwerwurzel

3–4 TL Butter

1 TL Chilipulver

¼ TL Kurkumapulver

3 Gewürznelken

1 grüne Kardamomkapsel

½ TL getrocknete Bockshornkleeblätter

1 TL Korianderpulver

1 mittelgroße Zimtstange

Salz

2 EL Sahne

Zubereitungszeit 50 Minuten

KAREN KULINARISCH Ich bestreue dieses Masala mit reichlich gehacktem Koriandergrün und reiche dazu Reis oder indische Brote. Und ich liebe dazu Mango-Lassi (Rezept Seite 144).

Chicken Biriany

1. Schneiden Sie die Hähnchenbrust in mundgerechte Stücke. Die Zwiebeln abziehen und in Ringe schneiden. Den Knoblauch abziehen und fein hacken. Die Chilischoten waschen, putzen, entkernen und fein hacken. Die Tomate waschen und würfeln.

2. 2 EL Ghee in einer Pfanne erhitzen und die Zwiebel goldbraun anbraten und herausnehmen. Geben Sie noch 1 EL Ghee in die Pfanne, fügen Sie Knoblauch und Ingwer hinzu und braten das Ganze etwa 1 Minute. Nun geben Sie Lorbeerblätter, Zimtstangen, Kardamom, Pfefferkörner, Kreuzkümmelpulver, Kurkumapulver und Nelken dazu, 1 weitere Minute braten. Dann das Hähnchenfleisch, Salz und Chilipulver hinzufügen und etwa 5 Minuten braten, bis das Fleisch schön braun ist.

3. Weichen Sie den Basmatireis in Wasser etwa 20 Minuten ein. Die Tomaten zum Fleisch geben, die grünen Chilis und den Joghurt, 3 EL Koriander, die Minze und ⅔ der Zwiebelmasse hinzufügen und bei schwacher Hitze 20 Minuten kochen. Den Reis abgießen und in kochendes Salzwasser geben, 2 Minuten kochen und wieder abgießen.

4. Heizen Sie den Backofen auf 180 °C vor. Nehmen Sie nun eine große Auflaufform, geben ein Drittel Reis hinein, die Hälfte der Fleischmischung, wieder eine Schicht Reis, die zweite Hälfte vom Fleisch und den restlichen Reis darüber. Mischen Sie Milch oder Wasser mit Kurkuma und träufeln Sie die Mischung über den Reis. Das gibt dem Ganzen eine wunderbare Farbe.

5. Die Auflaufform mit Alufolie rundherum gut abdecken und für etwa 30 Minuten in den vorgeheizten Backofen (Mitte) geben.

6. Garnieren Sie das fertig gegarte Biriany mit den restlichen angebräunten Zwiebeln, frischem Koriander und geben Sie ein paar Tropfen Zitronensaft darüber. Dazu passt Joghurt.

Zutaten für 6–8 Portionen

650 g Hähnchenbrustfilet
4 mittelgroße Zwiebeln
2 Knoblauchzehen
2 grüne Chilischoten
1 große Tomate
3 EL Ghee
2 TL gehackter Ingwer
2 Lorbeerblätter
2 Zimtstangen
3 grüne Kardamomsamen
5 Pfefferkörner
½ TL Kreuzkümmelpulver
4 Gewürznelken
1 TL Salz
1 TL Chilipulver
500 g Basmatireis
150 g Joghurt
3–4 EL gehacktes Koriandergrün
2 EL gehackte frische Minze
etwa 50 ml Milch oder Wasser
2 TL Kurkumapulver
etwas Zitronensaft

Zubereitungszeit 50 Minuten
Backzeit 30 Minuten

Hähnchen mit Cranberrys

Zutaten für 4 Portionen

1 mittelgroße Zwiebel
2 Knoblauchzehen
500 g Hähnchenbrust
1 rote Chilischote
2–3 EL Ghee
2 TL gehackter Ingwer
½ TL Kurkumapulver
2 TL Korianderpulver
½ TL Garam Masala (gemahlen)
1 TL körnige Gemüsebrühe (Instant)
300 g Naturjoghurt (3,5 % Fett)
1 EL Walnusskerne
je 50 g getrocknete Cranberrys und Kirschen
3 EL gehacktes Koriandergrün

Zubereitungszeit 25 Minuten

1. Ziehen Sie Zwiebel und Knoblauch ab und würfeln Sie beides fein. Das Hähnchenfleisch in mundgerechte Stücke schneiden. Die Chilischote waschen, putzen, entkernen und fein würfeln.

2. 2 EL Ghee in einer großen Pfanne erhitzen, Hähnchenbruststücke darin goldbraun braten. Nehmen Sie das Fleisch anschließend heraus und stellen Sie es beiseite.

3. Zwiebel, Knoblauch und Ingwer in derselben Pfanne leicht anbräunen, gegebenenfalls noch etwas Ghee dazugeben. Kurkuma, Chiliwürfel, Koriander und Garam Masala mit anbräunen. Geben Sie die Hähnchenbruststücke wieder dazu und löschen Sie mit der Gemüsebrühe und mit etwas Wasser (3–5 EL) ab.

4. Alles kurz köcheln lassen, dann die Pfanne von der Kochstelle ziehen. Wenn das Gericht nicht mehr kocht, rühren Sie den Joghurt unter (anderenfalls flockt er aus). Walnusskerne, Cranberrys und Kirschen unterrühren. Das Gericht mit Koriandergrün bestreut servieren.

TIPP Sie können auch 10-prozentigen griechischen Joghurt nehmen. Durch den höheren Fettanteil flockt er nicht so leicht aus. Es gibt ihn inzwischen auch von deutschen Herstellern.

Butter-Hähnchen

1. Schneiden Sie das Fleisch in mundgerechte Stücke. Für die Marinade Joghurt, Salz, Tandoori Masala, Chilipulver, Kreuzkümmelpulver, Korianderpulver und ein paar Tropfen Zitronensaft mischen, zum Fleisch geben und dieses im Kühlschrank etwa 4 Stunden marinieren.

2. Gegen Ende der Marinierzeit die Zwiebel und den Knoblauch jeweils abziehen und hacken. Geben Sie 2 EL Ghee in eine Pfanne und braten Sie die gehackte Zwiebel darin an. Den Knoblauch und Ingwer dazugeben und kurz weiterbraten. Nun die Zwiebelmischung aus der Pfanne nehmen und pürieren.

3. Waschen Sie die Tomaten und schneiden Sie sie in kleine Stücke, dabei die Stielansätze entfernen. In die Pfanne 1 EL Ghee geben und darin die Tomaten etwa 5 Minuten braten, herausnehmen und separat pürieren.

4. Braten Sie im restlichen Ghee Lorbeerblätter, Gewürznelken und Kardamomsamen an und geben Sie dann das Fleisch dazu. Alles 5–10 Minuten braten, anschließend die pürierte Zwiebelmischung und die Tomaten sowie das Tomatenmark dazugeben. Nehmen Sie die Lorbeerblätter nach Belieben heraus.

5. Je ½ TL Garam Masala, Kurkuma, Mangopulver, Zimt, Salz sowie 1 TL braunen Zucker in die Sauce geben und das Ganze 20 Minuten kochen. Fügen Sie dann die Sahne, den schwarzen Pfeffer und 1 TL Garam Masala zu. Alles 1–2 Minuten kochen. Mit 2 EL gehacktem Koriandergrün bestreuen.

Zutaten für 4 Portionen

500 g Hähnchenfleisch ohne Knochen

1 große Zwiebel

4 Knoblauchzehen

2 TL gehackter Ingwer

75 g Ghee

2 große Tomaten

1–2 Lorbeerblätter

3 Gewürznelken

2 grüne Kardamomsamen

2 EL Tomatenmark

1 ½ TL Garam Masala (gemahlen)

je ½ TL Kurkumapulver, Mangopulver und Zimtpulver

Salz

1 TL brauner Zucker

150 g Sahne

½ TL schwarzer Pfeffer

2 EL gehacktes Koriandergrün

Für die Marinade

5 EL Joghurt (10 % Fett)

1 TL Salz

1 TL Tandoori Masala

je ½ TL Chilipulver, Kreuzkümmelpulver und Korianderpulver

etwas Zitronensaft

Zubereitungszeit 1 Stunde plus Marinierzeit 4 Stunden

Fleisch, Geflügel & Fisch

Kurz mariniertes Butter Chicken

Zutaten für 4 Portionen

- 2–3 TL Garam Masala (gemahlen)
- 1–2 TL Chilipulver
- 1 TL Korianderpulver
- 4 Knoblauchzehen
- 1 EL gehackter Ingwer
- 700 g Hähnchenschenkel mit Rückenteil oder Brustfilet, grob geschnitten
- 200 g Naturjoghurt (3,5 % oder 10 % Fett)
- gut ¼ TL Kardamompulver
- etwas Zitronensaft
- Salz
- 1 große Zwiebel
- 3 EL Ghee
- 4 Gewürznelken
- 3 grüne Kardamomsamen
- ¼ TL Nelkenpulver
- 4 große Tomaten
- 1 Dose geschälte Tomaten (400 g)
- 4 TL Honig
- etwas Kurkumapulver
- ½ TL Salz

Zubereitungszeit 45 Minuten
Marinierzeit 30 Minuten

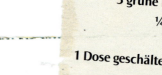

1. Für die Gewürzmischung mischen Sie in einer Tasse jeweils 1 ½ TL Garam Masala, Chilipulver und Korianderpulver. Den Knoblauch abziehen und mit dem Ingwer im Mörser zermusen.

2. Geben Sie das Fleisch in eine Schüssel und reiben Sie ½ TL der Gewürzmischung in das Fleisch. ½ TL der Gewürzmischung mit dem Joghurt mit einer Messerspitze Kardamompulver, 1 TL von der Knoblauch-Ingwer-Paste, ein paar Tropfen Zitronensaft und etwas Salz mischen, mit dem Fleisch vermengen und dieses 30 Minuten im Kühlschrank marinieren.

3. Anschließend den Backofen auf 200 °C vorheizen. Geben Sie das eingelegte Fleisch in eine ofenfeste Form und lassen Sie es 30 Minuten im heißen Ofen garen.

4. Inzwischen für die Sauce die Zwiebel abziehen und würfeln. 2 EL Ghee im Topf erhitzen, die ganzen Gewürznelken und grünen Kardamom darin kurz anbraten, dann die Zwiebel zugeben und goldbraun anbraten. Geben Sie die restliche Knoblauch-Ingwer-Paste, den Rest der Gewürzmischung, zusätzlich 1 TL Garam Masala, ¼ TL Kardamompulver, Nelkenpulver und Salz dazu und braten Sie alles kurz unter Rühren.

5. Die Tomaten waschen und würfeln, zu den Gewürzen in den Topf geben und anbraten, dann die Dosentomaten zufügen und alles etwa 10 Minuten kochen, bis die Tomaten weich sind. Jetzt noch 3 TL Honig und etwas Kurkumapulver dazugeben und unterrühren.

6. Pürieren Sie die Sauce und streichen Sie sie durch ein Sieb. Fleisch aus dem Ofen nehmen. 1 EL Ghee in der Pfanne erhitzen, Sauce und das Fleisch dazugeben und alles nochmals erhitzen. Vor dem Servieren 1 TL flüssigen Honig darüberträufeln.

Fleisch, Geflügel & Fisch

Hähnchen-Gemüse-Wrap

1. Zwiebel und Knoblauch abziehen und jeweils fein würfeln. Chilischote und Spitzpaprika waschen, putzen und entkernen. Die Chilischote fein würfeln, die Spitzpaprika in dünne Längsstreifen schneiden. Den Babymais kurz abtropfen lassen und längs vierteln.

2. Das Hähnchenfleisch in dünne Streifen schneiden und etwa 5 Minuten in 1 EL heißem Ghee rundherum anbraten. Aus der Pfanne nehmen und beiseite stellen.

3. Die Zwiebel im Ghee goldbraun anbraten. Ingwer und Knoblauch dazugeben und mit anbraten. Kurkuma- und Korianderpulver, Chiliwürfel, Salz und Zitronensaft unterrühren und weitere 5 Minuten braten. Die Spitzpaprikawürfel und den Babymais dazu geben, 3 Minuten braten. Das Fleisch wieder in die Pfanne geben, Garam Masala unterrühren und mit Koriander bestreuen.

4. Die Eier verquirlen, mit etwas Salz und Pfeffer würzen. 1 EL Ghee in einer anderen Pfanne bei mittlerer Hitze erwärmen, 1 Tortillafladen hineingeben und mit verquirltem Ei bestreichen. Nach etwa 2 Minuten wenden, damit das Ei fest wird. Nach wenigen Sekunden wieder wenden und ein Sechstel (bzw. bei 8 Fladen ein Achtel) der Füllung darauf verteilen. Etwas Joghurt darüber geben und den Fladen aufrollen. Mit den übrigen Fladen ebenso verfahren.

Zutaten für 4 Portionen

Für die Füllung

1 Zwiebel

4 Knoblauchzehen

1 grüne Chilischote

1 rote Spitzpaprika

150 g Babymais (aus dem Glas)

600 g Hähnchenbrustfilet

2 EL Ghee

1 TL fein geriebener Ingwer

½ TL Kurkumapulver

1 TL Korianderpulver

½ TL Salz

2 TL Zitronensaft

½ TL Garam Masala (gemahlen)

3 EL gehacktes Koriandergrün

Für die Fladen

4 Eier

Salz und Pfeffer

6–8 EL Ghee

6–8 Tortillafladen

2 EL Naturjoghurt (3,5 % Fett)

Zubereitungszeit 50 Minuten

Hähnchen mit roter Paprika

Zutaten für 4 Portionen

1 kg Hähnchenfleisch ohne Knochen

2 mittelgroße Zwiebeln

2 Knoblauchzehen

2 grüne Chilischoten

1 rote Paprikaschote

2 EL Ghee

1 TL geriebener Ingwer

2 TL Korianderpulver

1 TL Kreuzkümmelpulver

2 TL Garam Masala (gemahlen)

½ TL Kurkumapulver

400 g gewürfelte Tomaten aus der Dose mit Saft

Zubereitungszeit 30 Minuten

1. Das Fleisch in nicht zu kleine mundgerechte Stücke schneiden. Die Zwiebeln und den Knoblauch jeweils abziehen und fein würfeln. Die Chilischoten waschen, putzen, entkernen und hacken. Die Paprika waschen, putzen und in kleine Würfel schneiden.

2. Erhitzen Sie das Ghee in einer großen, tiefen Pfanne und bräunen Sie die Zwiebeln darin an. Geben Sie die Chilischoten, Ingwer und Knoblauch dazu und braten Sie diese Zutaten etwa 3 Minuten mit an. Nun die Gewürze zugeben und mitbraten (Korianderpulver, Kreuzkümmel, Garam Masala und Kurkuma).

3. Geben Sie die Hähnchenstücke in die Gewürzmischung und braten Sie sie rundherum an. Das Fleisch sollte leicht gebräunt sein. Zuletzt die Tomaten dazugeben und etwas Wasser (100–200 ml), damit die Sauce etwas dünner wird.

4. Fügen Sie die Paprikawürfel dazu, kochen Sie alles auf und lassen Sie das Ganze vor dem Servieren 2–3 Minuten kochen.

KAREN KULINARISCH Das ist eines unserer Lieblings-Alltagsgerichte. Denn alle bei uns zu Hause mögen Hähnchen gerne. In meiner Version ist die Paprikaschote noch sehr bissfest, weil die Stückchen ja nur einige Minuten mitgaren. Wer Paprika weicher bevorzugt, lässt das Ganze mit den Paprikawürfelchen zugedeckt noch mindestens 10 Minuten kochen.

Lamm in Mandelsauce

1. Bereiten Sie zunächst die Masala-Paste zu: Dafür ziehen Sie die Knoblauchzehen ab und pürieren sie mit den übrigen Zutaten sowie mit etwas Wasser zu einer feinen Paste.

2. Schneiden Sie das Lammfleisch in mundgerechte Stücke. Die Zwiebeln abziehen und würfeln. Erhitzen Sie in einer großen, tiefen Pfanne mit Deckel oder in einem weiten, flachen Topf das Ghee und braten Sie die Zwiebeln darin unter gelegentlichem Wenden, bis sie schön goldbraun sind.

3. Die grünen Kardamomsamen und die Masala-Paste zu den Zwiebeln geben und 2 Minuten anbraten, dabei darauf achten, dass die Gewürze nicht verbrennen. Anschließend Kurkuma- und Chilipulver, Kreuzkümmel, Koriander und Paprika dazugeben und das Ganze weitere 2 Minuten braten.

4. Geben Sie den Joghurt und die gehackten Tomaten sowie das Lammfleisch und Salz nach Geschmack dazu. Das Gericht bei mittlerer Hitze zugedeckt etwa 1 Stunde kochen, bis das Fleisch weich ist. Bei Bedarf etwas Wasser hinzufügen. Mit Koriandergrün garniert anrichten.

TIPP Mit der hier beschriebenen Masala-Paste, gemischt mit 2–3 Esslöffeln Joghurt, können Sie auch Fleisch, das Sie im Ofen braten oder grillen möchten, marinieren.

Zutaten für 4 Portionen

600 g Lammfleisch (aus der Schulter)

2 mittelgroße Zwiebeln

2–3 EL Ghee

5 grüne Kardamomsamen

½ TL Kurkumapulver

je 1 TL Chilipulver, Kreuzkümmelpulver und Korianderpulver

1 ½ TL edelsüßes Paprikapulver

250 g Naturjoghurt (3,5 % Fett)

800 g stückige Tomaten (aus der Dose)

einige Stängel Koriandergrün

Für die Masala-Paste

6 Knoblauchzehen

1 EL gehackter Ingwer

¼ TL geriebene Muskatnuss

4 Gewürznelken

10 schwarze Pfefferkörner

50 g gemahlene Mandeln

2 grüne Kardamomsamen

Zubereitungszeit 30 Minuten
Garzeit 1 Stunde

Fleisch, Geflügel & Fisch

Lamm mit Zimt und Nelken

1. Das Lammfleisch in mundgerechte Stücke schneiden. Ziehen Sie die Zwiebeln und den Knoblauch ab und würfeln Sie beides fein. Die Chilischote waschen, putzen, entkernen und fein würfeln.

2. Erhitzen Sie das Ghee und geben Sie Kardamom und die Zimtstangen dazu. Braten Sie die Gewürze etwa 5 Minuten. Geben Sie dann die Nelken und Pfefferkörner dazu. Nach 1 Minute die Zwiebeln einrühren und 15 Minuten anschwitzen.

3. Ingwer, Knoblauch, Chili und Fleisch dazufügen, mit Salz abschmecken und 20–25 Minuten braten. Dabei immer wieder umrühren, damit nichts anbrennt. Gegebenenfalls etwas Wasser dazufügen.

4. Kurkuma-, Koriander- und Chilipulver, Garam Masala und Kreuzkümmelpulver einstreuen, weitere 5 Minuten braten. Die Tomaten hinzufügen und 5–8 Minuten köcheln lassen.

5. Füllen Sie alles in einen Schnellkochtopf und geben Sie das Wasser dazu. Im Schnellkochtopf etwa 30 Minuten kochen.

6. 2 EL Sauce entnehmen und mit Joghurt aufschlagen (so verhindern Sie, dass der Joghurt ausflockt), dann in die Sauce mit dem Fleisch rühren und mit frischem Koriander bestreuen.

Zutaten für 4 Portionen

500 g Lammfleisch (aus der Schulter)

3 Zwiebeln

5 Knoblauchzehen

1 rote Chilischote

3 EL Ghee

1 schwarze Kardamomkapsel

2 Zimtstangen

6 Gewürznelken

10 Pfefferkörner

1 ½ EL geriebener Ingwer

½ TL Kurkumapulver

1 ½ TL Korianderpulver

1 TL Chilipulver

1 TL Garam Masala (gemahlen)

½ TL Kreuzkümmelpulver

1 Dose Tomaten (etwa 400 ml; in Stücken oder ganze Früchte)

½ l Wasser

10 EL Naturjoghurt (3,5 % Fett)

4 EL gehacktes Koriandergrün

Außerdem

Schnellkochtopf

Zubereitungszeit 1 Stunde

Fleisch, Geflügel & Fisch

Rindfleischkorma mit gerösteten Mandelblättchen

Zutaten für 4 Portionen

1 kg Rindfleisch zum Schmoren
(z. B. aus der Schulter oder Hüfte)

3 Zwiebeln

4 große Knoblauchzehen

1 grüne Chilischote

3 EL Ghee

2 TL gehackter Ingwer

200 g Naturjoghurt (3,5 % Fett)

2 TL Garam Masala (gemahlen)

2 TL Korianderpulver

1 TL Salz

2 Gewürznelken

4 schwarze Pfefferkörner

4 grüne Kardamomkapseln

3 EL gehackte Mandelblättchen

3 EL gehacktes Koriandergrün

Zubereitungszeit 45 Minuten
Garzeit 1 ½ Stunden

1. Schneiden Sie das Rindfleisch in nicht zu kleine mundgerechte Stücke. Ziehen Sie jeweils die Zwiebeln und den Knoblauch ab und hacken Sie beides. Die Chilischote waschen, putzen, entkernen und klein schneiden.

2. Erhitzen Sie 1 EL Ghee und braten Sie die Zwiebeln goldbraun an. Geben Sie den Ingwer und Knoblauch dazu und braten Sie beides mit an. Nehmen Sie die Zwiebelmischung aus der Pfanne und braten Sie das Fleisch in 2 EL Ghee rundherum an.

3. In einer Schüssel mischen Sie Joghurt, Garam Masala, Korianderpulver und Salz. Geben Sie die Joghurtmischung mit der Zwiebelmischung in die Pfanne zum Fleisch und lassen Sie alles bei mittlerer Hitze 10 Minuten köcheln.

4. Nun die Gewürznelken, Pfefferkörner und Kardamomkapseln hinzufügen und abgedeckt 1 ½ Stunden bei niedriger Hitze köcheln lassen, damit das Fleisch schön weich wird. Eventuell mit Wasser aufgießen, wenn Ihnen die Sauce zu dickflüssig ist.

5. Zum Schluss die Mandelblättchen in einer Pfanne ohne Fett rösten. Mit Koriander und Chili über das Rindfleischkorma streuen.

TIPP Alternativ können Sie nach dem Anbraten auch alles in einen Schnellkochtopf geben, dann dauert es nur 30 Minuten, bis das Fleisch zart ist, statt 1 ½ Stunden.

Entencurry mit
Tamarindensauce

Zutaten für 4–6 Portionen

1 große küchenfertige Ente
Salz und Pfeffer
2 EL Mehl
3 EL Pflanzenöl

Für die Sauce

2 große Zwiebeln
2 Knoblauchzehen
1 EL Koriandersamen
2 EL Sesamsamen
50 g Kokosraspel
5 schwarze Pfefferkörner
1 EL Kreuzkümmelsamen
2 Tomaten
2 rote Chilischoten
75 g ungesalzene geröstete
Erdnüsse
1 EL Ghee

▸▸

1. Den Ofen auf 200 °C vorheizen. Ziehen Sie die Zwiebeln für die Sauce ab, hacken Sie sie und kochen Sie sie in 500 ml Wasser 20 Minuten. Unterdessen die Ente in etwa 8 Stücke teilen und mit Salz und Pfeffer würzen, mit Mehl bestäuben.

2. Das Öl in einer großen Pfanne erhitzen und die Entenstücke darin portionsweise anbraten, bis sie schön braun sind. Legen Sie anschließend die Stücke auf den Rost im vorgeheizten Backofen und lassen Sie sie etwa 25 Minuten braten.

3. Ziehen Sie in der Zwischenzeit für die Sauce die Knoblauchzehen ab und schneiden Sie sie grob. In einer Pfanne ohne Fett bei mittlerer Hitze die Koriandersamen, Sesamsamen, Kokosraspel, Pfefferkörner und Kreuzkümmelsamen kurz anrösten, bis die Kokosraspel ganz leicht braun sind. Geben Sie den Knoblauch dazu und braten Sie ihn unter Wenden etwa 5 Minuten an.

4. Tomaten waschen und würfeln, dabei die Stielansätze entfernen. Die Chilischoten waschen, putzen und entkernen, sehr fein würfeln und dazugeben. Pürieren Sie diese beiden Zutaten zusammen mit den gerösteten Erdnüssen und etwas vom Zwiebelwasser ▸▸

(aus Punkt 1) zu einer Paste. Fügen Sie das restliche Zwiebelwasser mit den gegarten Zwiebelstücken hinzu und pürieren Sie dann das Ganze zu einer feinen Paste.

5. Rösten Sie die braunen Senfsamen in einer trockenen großen Pfanne, bis sie springen. Dabei die Pfanne leicht rütteln. Fügen Sie 1 EL Ghee sowie die Curryblätter hinzu und braten Sie die Blätter 1 Minute. Geben Sie jetzt die pürierte Gemüsemasse zu und fügen Sie das Kurkumapulver dazu.

6. Die gebratenen Entenstücke, etwa 500 ml Hühnerbrühe, den Zucker und die Tamarinde dazugeben und alles zusammen nochmals 30 Minuten kochen.

7. Servieren Sie das Tamarinden-Entencurry garniert mit Korianderblättchen.

TIPP Dazu passt Reis oder Naan-Brot.

1 TL braune Senfsamen
10 Curryblätter (frisch oder tiefgefroren)
1 TL Kurkumapulver
ca. 500 ml Hühnerbrühe (Instant)
1 EL brauner Zucker
ca. 2 TL Tamarindenpaste)
einige Zweige Koriandergrün

Zubereitungszeit 80 Minuten

Fleisch, Geflügel & Fisch 111

KAREN KULINARISCH Dieses Gericht ist ein typisches Beispiel für indisch-europäisches Crossover-Kochen – ganz nach meinem Geschmack: ein südindisches würziges und tamarindengesäuertes Curry, das in seiner Heimat fast ausschließlich vegetarisch zubereitet wird, hier einmal ganz deftig mit Ente. Ich serviere dieses Curry gerne als klassisches Sonntagsessen, zusammen mit einem erfrischenden Salat, Reis und dem einen oder anderen indischen Brot.

Rindfleisch-Vindaloo

Zutaten für 4 Portionen

500 g Rindfleisch
120 ml Weißwein-
oder Apfelessig
6 Knoblauchzehen
½ TL Kurkumapulver
2 TL Senfsamen
1 TL gehackten Ingwer
5 Gewürznelken
1 Zimtstange
6–8 Pfefferkörner
½ TL Chilipulver
1 große Zwiebel
450 g Tomaten
2–3 EL Ghee
8–10 frische Curryblätter
1 TL Kreuzkümmelsamen
Salz
2 EL Koriandergrün
zum Garnieren

Zubereitungszeit 30 Minuten
Marinierzeit 30 Minuten
Kochzeit 45 Minuten

1. Schneiden Sie das Rindfleisch in Würfel. Mischen Sie in einem Teller 1 EL Essig mit etwas Wasser und dem Fleisch in einer Schüssel. Das Fleisch herausnehmen und mit Küchenpapier trockentupfen.

2. Den Knoblauch abziehen und hacken. Pürieren Sie Kurkuma, Senfsamen, ein Drittel des Knoblauchs, Ingwer, Nelken, Zimtstange, Pfefferkörner und Chilipulver mit etwas Essig zu einer dicken Paste. Vermischen Sie das Fleisch mit dieser Paste und lassen Sie es etwa 30 Minuten marinieren.

3. Die Zwiebel abziehen und würfeln. Tomaten kreuzweise einritzen, mit kochendem Wasser überbrühen, häuten und in Würfel schneiden.

4. Erhitzen Sie das Ghee und geben Sie die Zwiebel und den restlichen gehackten Knoblauch in die Pfanne. Wenn beides angebraten ist, fügen Sie die Curryblätter hinzu und nach etwa 3 Minuten dann das marinierte Fleisch. Geben Sie auch die Tomaten und den Kreuzkümmel in die Pfanne, sowie den restlichen Essig und etwas Salz.

5. Lassen Sie alles etwa 45 Minuten köcheln. Wenn das Fleisch zart ist, das Rindfleisch-Vindaloo mit Koriandergrün garniert anrichten.

Fleisch, Geflügel & Fisch

Pork Vindaloo

1. Schneiden Sie das Fleisch in mundgerechte Stücke. Die Zwiebel und den Knoblauch jeweils abziehen und würfeln. die Tomaten kreuzweise einritzen, mit kochendem Wasser überbrühen und häuten, dann würfeln.

2. Braten Sie die Zwiebel in 1 EL Ghee golden an. Mischen Sie ein wenig von dem Balsamicoessig mit Kreuzkümmelpulver, Senfsamen, Knoblauch, Ingwer, Nelken, Zimtstange, den Pfefferkörnern und der gebratenen Zwiebel und pürieren Sie alles zu einer festen Paste.

3. Mischen Sie die Schweinefleischstückchen mit der Würzpaste und lassen Sie das Fleisch 30 Minuten zugedeckt marinieren.

4. Das übrige Ghee erhitzen. Bräunen Sie die Curryblätter darin etwa 3 Minuten an. Geben Sie die Fleischmischung mit der Marinade dazu und braten Sie alles kurz an. Anschließend die Tomaten und Kurkuma dazugeben und das Ganze weitere 3 Minuten braten.

5. Zuletzt den Rest des Balsamicoessigs dazugeben, mit Salz abschmecken und kochen lassen, bis das Fleisch zart ist. Bei Bedarf können Sie etwas Wasser dazugeben. Mit Koriandergrün bestreuen.

Zutaten für 4 Portionen

500 g Schweinefleisch
1 Zwiebel
4 Knoblauchzehen
400 g Tomaten
2 EL Ghee
100 ml heller Balsamicoessig
1 TL Kreuzkümmelpulver
2 TL schwarze Senfsamen
1 TL geriebener Ingwer
4 Gewürznelken
1 kleine Zimtstange
6 Pfefferkörner
8 frische Curryblätter
½ TL Kurkumapulver
2 EL Ghee
Salz
gehacktes Koriandergrün
zum Bestreuen

Zubereitungszeit 1 ¼ Stunden

Hackbällchen mit Pasta

1. Die Paprika waschen, putzen und fein würfeln. Die Zwiebel und den Knoblauch abziehen und sehr klein würfeln. Die Tomaten ebenfalls in Würfel schneiden.

2. Vermischen Sie das Hackfleisch gut mit der Hälfte der gehackten Zwiebel, dem Koriander, Ei, Salz und Pfeffer und formen Sie aus dem Fleischteig sehr kleine Hackbällchen (Durchmesser in etwa wie der einer 2-Euro-Münze). Erhitzen Sie 2 EL Ghee in einer Pfanne. Braten Sie die Hackbällchen kurz darin rundum an und stellen Sie sie dann beiseite.

3. Braten Sie nun in einem Topf die andere Hälfte der gehackten Zwiebel, Ingwer und Knoblauch im übrigen Ghee an. Dann die Paprikawürfel mit anbraten. Currypulver dazugeben. Mit Mehl bestäuben. Gemüsebrühe und Tomaten zufügen. Mit etwas Wasser aufgießen. Bei niedriger Hitze 30 Minuten köcheln lassen. Inzwischen die Nudeln gemäß Packungsangabe kochen.

4. Die Hackbällchen unter Wenden in der Pfanne erhitzen. Die Sauce von der Kochstelle nehmen, den Joghurt einrühren (die Sauce darf nicht mehr kochen, sonst flockt der Joghurt aus) und mit fein gehacktem Koriandergrün bestreuen. Dazu die Nudeln reichen.

Zutaten für 4 Portionen

½ rote Spitzpaprikaschote

½ Zwiebel

1 Knoblauchzehe

200 g Tomaten

250 g gemischtes Hackfleisch

1–2 EL gehacktes Koriandergrün und etwas zum Bestreuen

1 kleines Ei

Salz, Pfeffer

4 EL Ghee

1 EL frisch geriebener Ingwer

1 TL Currypulver

1–2 TL Mehl

¼ TL körnige Gemüsebrühe (Instant)

250 ml Wasser

2–3 EL Naturjoghurt (3,5 % Fett), cremig gerührt

250 g Nudeln (Rigatoni oder Fusilli)

Zubereitungszeit 1 Stunde

KAREN KULINARISCH Nudeln sind natürlich nicht typisch indisch, aber bei uns zu Hause wurde zur Abwechslung immer wieder auch Pasta gereicht.

Indischer Rindfleischburger

Zutaten für 4 Portionen

1 Zwiebel

2 TL getrocknete Beeren
(z. B. Cranberrys)

35–40 g getrocknete Tomaten

500 g Rinderhackfleisch

Salz und Pfeffer

2 EL Öl

1 große Tomate

5 Hamburger-Brötchen

5 Scheiben Cheddar

Eisbergsalat nach Belieben

Zubereitungszeit 40 Minuten

1. Die Zwiebel abziehen und fein würfeln. Die Beeren klein hacken. In Öl eingelegte Tomaten abtupfen, dann schneiden Sie die getrockneten Tomaten klein.

2. Vermischen Sie das Hackfleisch, die Beeren und die getrockneten Tomaten. Mit Pfeffer und Salz würzen. Braten Sie die Zwiebel in ½ EL Öl golden an und geben Sie sie zur Hackfleischmischung.

3. Formen Sie aus der Fleischmasse fünf Burger und braten Sie das Hackfleisch in 1 EL heißen Öl bei schwacher bis mittlerer Hitze auf beiden Seiten schön braun, etwa 10 Minuten je Seite.

4. Inzwischen den Ofen auf 180 °C vorheizen. Schneiden Sie eine große Tomate in Scheiben. Erhitzen Sie den Rest des Öls in der Pfanne und braten Sie die Tomatenscheiben kurz darin an.

5. Die Brote im Ofen kurz knusprig aufbacken (oder toasten). Darauf achten, dass sie nicht trocken werden.

6. Belegen Sie die Brote mit dem Hackfleisch, den Tomaten und mit einer Scheibe Käse. Den Burger (ohne Deckel) nochmals kurz in den Ofen schieben, damit der Käse warm wird. Dann erst mit Salatblatt belegen, den Brotdeckel auflegen.

TIPPS Der Minzedip von Seite 60 passt super zum Bestreichen der Brote vor dem Belegen.
Manchmal bereite ich den Burger auch mit Koriander zu. Einfach 1 EL gehacktes Koriandergrün in die Hackfleischmischung geben.

Indisches Steak

1. Mischen Sie Öl, das Tandoorigewürz, Garam Masala und den Kreuzkümmel. Bestreichen Sie das Fleisch mit der Gewürzmischung und lassen Sie es mindestens 2 Stunden marinieren.

2. Anschließend den Backofen auf 80 °C einstellen. Braten Sie die marinierten Steaks in einer Pfanne bei mittlerer bis starker Hitze von beiden Seiten im heißen Ghee appetitlich braun an.

3. Das Fleisch aus der Pfanne nehmen, in Alufolie wickeln und im heißen Ofen bei niedriger Temperatur (etwa 80 °C) etwa 20 Minuten ruhen lassen.

TIPP Dazu schmeckt der Karottensalat von Seite 30 und Naan-Brot.

Zutaten für 2 Portionen

1 EL Öl
20 g Tandoorigewürz
1 TL Garam Masala (gemahlen)
1 EL Kreuzkümmelpulver
2 Rindfleischsteaks
(z. B. Rumpsteak)
2 EL Ghee

Zubereitungszeit 35 Minuten
Marinierzeit 2 Stunden

Fleisch, Geflügel & Fisch

KAREN KULINARISCH Klar gibt es bei uns zu Hause, mitten in Europa, Rindfleisch. Am liebsten einheimisches. Ich habe da eine gute Quelle für schmackhaftestes Hochland-Rind. Im überwiegend hinduistischen Indien bekommen Sie natürlich kein Rind auf den Teller – Kühe zu töten gilt bei den Hindus als schlimmes Vergehen.

Rindfleisch mit Erbsen

Zutaten für 4 Portionen

750 g Rindfleisch
2 mittelgroße Zwiebeln
4 Knoblauchzehen
2 mittelgroße Kartoffeln
2–3 EL Ghee oder Öl
2 TL geriebener Ingwer
½ TL Kurkumapulver
3 EL Tomatenmark
1 TL Chilipulver
1–2 TL Garam Masala (gemahlen)
½ TL schwarzer Pfeffer
150 g Erbsen
2 TL Zitronensaft
Salz
3 EL gehacktes Koriandergrün

Zubereitungszeit 1 ½ Stunden

1. Schneiden Sie das Rindfleisch in Würfel. Zwiebeln und Knoblauch abziehen und fein würfeln. Die Kartoffeln schälen und ebenfalls würfeln.

2. Erhitzen Sie das Ghee in einem großen Topf und braten Sie das Rindfleisch darin rundherum an. Nehmen Sie anschließend das Fleisch aus dem Topf. Bräunen Sie darin die Zwiebeln, den Knoblauch und zuletzt den Ingwer in etwas Ghee an.

3. Fügen Sie Kurkuma, Tomatenmark, Chilipulver, Garam Masala und den Pfeffer dazu und bräunen Sie die Gewürze kurz mit an.

4. Das Fleisch, die Erbsen, die Kartoffelwürfel, etwas Wasser und Salz dazugeben und das Ganze zugedeckt etwa 1 Stunde kochen lassen. Schmecken Sie das Gericht vor dem Servieren mit Zitronensaft, Salz und gehacktem Koriandergrün ab.

TIPP Ich nehme für dieses Gericht immer einen Schnellkochtopf, damit das Fleisch schnell schön zart wird. Im Schnellkochtopf dauert das nur etwa 20 Minuten.

Rinderhackbällchen in Auberginen-Tomatensauce

1. Die Zwiebeln abziehen und fein hacken. Den Knoblauch schälen und in Scheiben schneiden. Die Aubergine in Würfel schneiden. Die Chilischote waschen, putzen, entkernen und hacken.

2. Würzen Sie das Hackfleisch mit 2 TL Salz und ½ TL Pfeffer und kneten Sie es gut durch. Das Hackfleisch mit feuchten Händen zu kleinen Bällchen von etwa Walnussgröße rollen.

3. Erhitzen Sie das Ghee in einer Pfanne und braten Sie die Hackbällchen darin an, dann nehmen Sie sie heraus und stellen sie beiseite. Die Zwiebeln und den Knoblauch im in der Pfanne verbliebenen Fett goldbraun anbraten. Grüne Chili, Kreuzkümmel und Kurkuma dazugeben und 5 Minuten braten. Dann die Auberginenwürfel hinzufügen und ebenfalls kurz anbraten.

4. Schneiden Sie die Dosentomaten klein und geben Sie sie mit dem Saft in die Pfanne. Die Tamarindenpaste oder Zitronensaft zu den Tomaten und den Auberginen geben. Mit Zucker, Salz, Pfeffer und Minze würzen.

5. Geben Sie die Hackbällchen wieder in die Pfanne und lassen Sie alles zugedeckt bei kleiner Hitze 20 Minuten köcheln, bis die Auberginen weich sind. Mit Koriandergrün bestreut servieren.

Zutaten für 4 Portionen

2 Zwiebeln

4 Knoblauchzehen

400 g Aubergine

1 grüne Chilischote

500 g Rinderhackfleisch

Salz, schwarzer Pfeffer

3 EL Ghee

½ TL Kreuzkümmelpulver

¼ TL Kurkumapulver

800 g Tomaten (aus der Dose)

schwarzer Pfeffer

¼ TL Tamarindenpaste
(alternativ etwas Zitronensaft)

1 TL Zucker

1/2 TL gehackte frische Minze

3 EL gehacktes Koriandergrün

Zubereitungszeit 1 Stunde

Hackbällchen-Curry

Zutaten für 4 Portionen

Für die Hackfleischmischung

½ Zwiebel
1 grüne Chilischote
500 g gemischtes Hackfleisch
3 EL gehacktes Koriandergrün
1 TL Garam Masala (gemahlen)
Salz

Für die Paste

½ TL Kurkumapulver
2 TL Kreuzkümmelpulver
1 TL Rosenpaprika
½ TL Chilipulver
1 TL Korianderpulver
1 Msp. Nelkenpulver
1 TL Garam Masala (gemahlen)

Für die Sauce

1 Zwiebel
2 Knoblauchzehen
2 grüne Chilischoten
2 EL Ghee
1 TL gehackter Ingwer
3 Tomaten
3 mittelgroße Kartoffeln
1 Dose geschälte Tomaten (400 g)
1–2 EL Tomatenmark
Salz

Zubereitungszeit 35 Minuten
Garzeit 45 Minuten

1. Für die Hackfleischmischung die Zwiebel abziehen und ganz fein würfeln. Die Chilischote waschen, putzen, entkernen und fein würfeln. Mischen Sie das Hackfleisch mit der Zwiebel, der Chilischote, Koriandergrün, Garam Masala und etwas Salz.

2. Rühren Sie in einer kleinen Schüssel alle Zutaten für die Paste mit etwas Wasser an, bis eine dicke Paste entstanden ist.

3. Für die Sauce die Zwiebel und den Knoblauch jeweils abziehen und fein würfeln. Die Chilischoten waschen, putzen, entkernen und hacken. Erhitzen Sie das Ghee und braten Sie die Zwiebel darin goldbraun. Fügen Sie dann Ingwer, Chilis und Knoblauch hinzu und braten Sie das Ganze weitere 5 Minuten.

4. Fügen Sie die Paste zu und bräunen Sie alles bei mittlerer Hitze etwa 10 Minuten an. Bei Bedarf immer wieder etwas Wasser hinzugießen, damit die Gewürze nicht verbrennen.

5. Inzwischen die frischen Tomaten hacken. Die Kartoffeln schälen und vierteln. Geben Sie die frischen Tomaten und die Dosentomaten mit der Sauce sowie das Tomatenmark dazu. Die Sauce sollte dickflüssig sein.

6. Formen Sie kleine Hackfleischbällchen und geben Sie sie vorsichtig in die Sauce. Fügen Sie die Kartoffelstücke hinzu, schmecken Sie die Sauce mit Salz ab und lassen Sie alles etwa 45 Minuten köcheln. Vor dem Servieren das Curry nochmals mit Salz abschmecken.

Pepper Water mit Tomaten

Zutaten für 4 Portionen

2 große Tomaten
1 TL Pfeffer
1 TL Chilipulver
1 TL Kreuzkümmelpulver
½ TL Kurkumapulver
½ TL Korianderpulver
2 TL Tamarindenpaste
Salz
500–600 ml heißes Wasser
1 kleine Zwiebel
3 Knoblauchzehen
2 rote Chilischoten
½ EL Ghee
½ TL Senfsamen
5 frische Curryblätter

Zubereitungszeit 30 Minuten

1. Die Tomaten waschen und ohne die Stielansätze hacken. Mischen Sie die Gewürze und geben Sie sie mit den gehackten Tomaten in einen Topf mit heißem Wasser. Lassen Sie alles etwa 10 Minuten köcheln.

2. Inzwischen Zwiebel und Knoblauch abziehen und fein würfeln. Chilischoten waschen, putzen, entkernen und fein hacken.

3. Erhitzen Sie das Ghee in einer Pfanne und geben Sie die Senfsamen hinein. Wenn sie beginnen zu hüpfen, fügen Sie die Curryblätter, die Zwiebel, den Knoblauch und die Chilis hinzu und lassen alles kurz anbraten.

4. Gießen Sie nun das Pepperwater über die Zwiebelmischung und lassen Sie alles 2 Minuten köcheln.

TIPP Pepper Water schmeckt gut mit gekochtem Reis oder auch mit dem gebratenen Gewürzhackfleisch auf der gegenüberliegenden Seite. Man kann es aber auch gut nach dem Essen trinken, denn es fördert die Verdauung.

Fleisch, Geflügel & Fisch

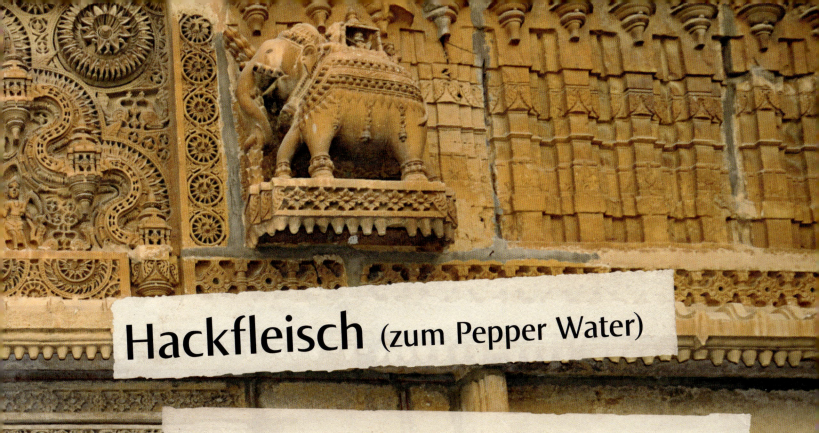

Hackfleisch (zum Pepper Water)

1. Die Zwiebel abziehen und würfeln. Erhitzen Sie das Ghee in einer großen Pfanne und bräunen Sie die Zwiebel darin an.

2. Die Zimtstange und die Kardamomsamen hinzugeben und alles weitere 5–8 Minuten anbräunen, bis die Gewürze ihr Aroma entfalten. Geben Sie nun das Lorbeerblatt hinzu und braten Sie alles 1 Minute an.

3. Das Hackfleisch in die Pfanne geben und Kurkuma-, Chili-, Koriander- sowie das Kreuzkümmelpulver darüberstreuen. Bräunen Sie alles 3 Minuten an. Zuletzt geben Sie den Joghurt dazu und schmecken mit etwas Salz ab. Lassen Sie das Ganze etwa 15 Minuten bei niedriger Hitze köcheln.

4. Fügen Sie dann die Erbsen hinzu und lassen Sie das Gericht weitere 10 Minuten köcheln. Mit Korianderblättern bestreuen. Das Hackfleisch sollte trocken, also ohne Sauce sein.

Zutaten für 4 Portionen

- 1 Zwiebel
- 2 TL Ghee
- 1 Zimtstange
- 3 grüne Kardamomsamen
- 1 schwarzer Kardamomsamen
- 1 Lorbeerblatt
- 550 g Hackfleisch
- ¼ TL Kurkumapulver
- 1 TL Chilipulver
- 1 TL Korianderpulver
- 1 ½ TL Kreuzkümmelpulver
- 150 g Joghurt
- Salz
- 100 g Erbsen
- 3 EL gehacktes Koriandergrün

Zubereitungszeit 45 Minuten

Fleisch, Geflügel & Fisch

Grünes Fischcurry

1. Schneiden Sie das Fischfilet in grobe Stücke. Mischen Sie 2 TL Zitronensaft mit Kurkumapulver und 1 Prise Salz zu einer Paste und bestreichen Sie die Fischstücke damit. Lassen Sie den Fisch etwa 30 Minuten im Kühlschrank marinieren.

2. Pürieren Sie im Mixer die Minze und stellen Sie sie zur Seite. Zwiebel und Knoblauch abziehen, die Zwiebel fein schneiden. Die Chilischoten waschen, putzen und entkernen. Pürieren Sie Knoblauch, Chilischoten, Kardamom, Korianderpulver, Kokosraspel, Cashewnüsse, Muskat, Kreuzkümmel und Fenchelsamen mit etwas Wasser zu einem dickflüssigen Gewürzpüree.

3. Erhitzen Sie das Ghee in einer großen Pfanne und braten Sie die Fischstücke darin bei mittlerer Hitze kurz an. Dabei vorsichtig wenden, damit der Fisch nicht zerfällt.

4. Braten Sie in einer weiteren Pfanne die Zwiebel goldbraun an und geben Sie dann das Gewürzpüree hinzu. Lassen Sie alles 10 Minuten bei mittlerer Hitze anbraten. Dabei immer wieder umrühren, damit die Gewürze nicht verbrennen.

5. Geben Sie nun die pürierte Minze, den restlichen Zitronensaft, etwas Zucker und Wasser dazu. Wenn die Sauce kocht, geben Sie die Fischstücke dazu und lassen alles etwa 10 Minuten köcheln, bis der Fisch gar ist. Mit Zitronensaft und Salz abschmecken. Mit Koriandergrün bestreuen.

TIPP Wenn Sie keine Fenchelsamen im Gewürzschrank haben, sehen Sie doch mal bei Ihren Tees nach. Vielleicht haben Sie ja Fencheltee, dann können Sie einfach die Samen aus einem Teebeutel verwenden.

Zutaten für 4 Portionen

350 g weißes Fischfilet
¼ TL Kurkumapulver
Salz
4–6 TL Zitronensaft
1 EL Minzeblättchen
1 große Zwiebel
3 Knoblauchzehen
2 grüne Chilischoten
3 grüne Kardamomkapseln
1 TL Korianderpulver
70 g Kokosraspel
30 g Cashewnüsse
1 Msp. geriebene Muskatnuss
1 TL Kreuzkümmelpulver
½ TL Fenchelsamen
3 EL Ghee
1 TL Zucker
etwa 250 ml Wasser
4 EL gehacktes Koriandergrün

Zubereitungszeit 50 Minuten
Marinierzeit 30 Minuten

Lachscurry

Zutaten für 4 Portionen

4 Lachsfilets (gesamt 800–1000 g)
1 EL Zitronensaft
Salz
1 Zwiebel
2 Knoblauchzehen
2 grüne Chilischoten
2 EL Ghee
2 TL gehackter Ingwer
etwa 300 ml Kokosmilch
1 TL Kurkumapulver
1 ½ TL Kreuzkümmelpulver
1 TL Korianderpulver
½ TL Chilipulver nach Belieben
2 EL Balsamico- oder Apfelessig
2 EL gehacktes Koriandergrün

Zubereitungszeit 40 Minuten

1. Geben Sie die Lachsfilets nebeneinander in eine Schüssel oder Auflaufform. Beträufeln Sie sie mit Zitronensaft und streuen wenig Salz darüber. Stellen Sie den Fisch abgedeckt in den Kühlschrank, bis die Sauce zubereitet ist.

2. Inzwischen die Zwiebel und den Knoblauch jeweils abziehen und fein würfeln. Die Chilischoten waschen, putzen, entkernen und hacken. Erhitzen Sie das Ghee und braten Sie die Zwiebel 5–10 Minuten goldbraun an. Geben Sie Ingwer und Knoblauch dazu und braten Sie das Ganze für weitere 5 Minuten.

3. Dann die Chilis zugeben und 1 Minute mitbraten. Fügen Sie nun Kokosmilch, Kurkuma-, Kreuzkümmel-, und Korianderpulver sowie Chilipulver nach Belieben, Essig sowie etwas Salz zu und lassen Sie das Ganze etwa 10 Minuten köcheln.

4. Geben Sie nun den Lachs in die Sauce und lassen Sie ihn in der Sauce köcheln, bis er gar ist, das dauert 5–10 Minuten. Zum Schluss das gehackte Koriandergrün darüberstreuen.

Fleisch, Geflügel & Fisch

Lachs mit Mango-Chutney

1. Den Backofengrill vorheizen (mittlere Hitze). Bestreichen Sie die Fischfilets mit etwas Öl, würzen Sie sie mit Salz, Pfeffer und Zitronensaft. Legen Sie den Fisch auf gefettete Alufolie.

2. Grillen Sie den Fisch im heißen Ofen etwa 10 Minuten, bis er fast durch ist (das Fischfleisch sollte noch ein wenig glasig sein).

3. Bestreichen Sie die Lachsfilets mit etwas Mango-Chutney und lassen Sie den Fisch nochmals für etwa 5 Minuten im Ofen.

Zutaten für 2 Portionen

2 Lachsfilets
Olivenöl
Salz, Pfeffer
Zitronensaft
etwas Fett für die Alufolie
Mango-Chutney zum Bestreichen (fertig gekauft oder nach Rezept auf S. 40 zubereitet)

Zubereitungszeit 20 Minuten

Fleisch, Geflügel & Fisch

KAREN KULINARISCH Dieses Gericht ist wieder ein gutes Beispiel für unsere vielen Crossover-Gerichte: Europäischer Lachs unter indischer Mango-Chutney-Hülle. Das ist schnell gekauft, flugs zubereitet und schmeckt aromatisch-exotisch. Ich serviere dazu gerne Naan-Brote und Salat.

Garnelen-Tempura

Zutaten für 4 Portionen

Für den Dip
2 Knoblauchzehen
1 rote Chilischote
2 EL Honig
1 EL Sesamöl
70 ml helle Sojasauce
1 TL fein gehackter Ingwer
3 EL gehacktes Koriandergrün
Zucker, Salz

Für die Garnelen
16–18 Garnelen in der Schale
2 Eiweiß
170 g Speisestärke
170 ml Wasser
2 TL Backpulver
Salz und Pfeffer
Öl zum Frittieren

Außerdem
4 Holzspieße

Zubereitungszeit 40 Minuten

1. Für den Dip den Knoblauch abziehen und fein hacken. Die Chilischote waschen, putzen, entkernen und ebenfalls fein hacken. Verrühren Sie Honig, Öl und Sojasauce und geben Sie die übrigen Zutaten dazu. Eventuell mit Zucker und Salz abschmecken.

2. Die Garnelen schälen und den Darm entfernen (siehe Tipp). Schlagen Sie dann das Eiweiß zu steifem Eischnee. Nun die Speisestärke mit Wasser, Backpulver sowie etwas Salz und Pfeffer glatt rühren. Dann den Eischnee vorsichtig unterheben.

3. Erhitzen Sie in einem großen Topf das Öl auf 180 °C. Stecken Sie auf jeden Holzspieß 4–5 Garnelen und ziehen Sie sie durch den Tempurateig. Geben Sie die Spieße dann ins heiße Fett. Die Garnelen in 3–4 Minuten goldbraun frittieren, herausheben und auf Küchenpapier abtropfen lassen. Reichen Sie dazu einen Soja-Dip oder ein Mango-Chutney (Rezepte für Mango-Chutney finden Sie auf Seite 39 bzw. 40).

TIPP Um den schwarzen Darmfaden zu entfernen, den Sie am Rücken der Garnelen durchschimmern sehen, schneiden Sie den Garnelenrücken mit einem scharfen kleinen Messer ein paar Millimeter tief ein, heben den Darmfaden mit der Messerspitze an und ziehen ihn vorsichtig heraus.

Brot-Pfannkuchen
mit Flusskrebsfleisch

1. Schneiden Sie das Brot klein und weichen Sie die Stücke in etwas Milch auf.

2. In der Zwischenzeit die Zwiebel abziehen und fein hacken. Die Tomaten waschen und ohne Stielansatz ebenfalls klein schneiden. Paprika und Chili waschen und putzen und beides fein schneiden. Die gekochte Kartoffel schälen und fein reiben.

3. Nach etwa 10 Minuten Einweichzeit geben Sie alle übrigen Zutaten bis auf die verbliebene Milch und das Flusskrebsfleisch zum vorbereiteten Gemüse. Nutzen Sie die restliche Milch, um aus der Masse einen festen Teig herzustellen. Die Milch nach und nach zugeben, der Teig sollte klebrig, aber nicht zu flüssig sein. Zuletzt das Flusskrebsfleisch untermischen.

4. Erhitzen Sie etwas Öl in einer Pfanne, geben Sie eine Portion Teig in die Pfanne (der Teig sollte 8 Pfannkuchen ergeben) und backen Sie daraus bei mittlerer Hitze einen beidseitig goldbraunen Pfannkuchen (erst wenden, wenn die eine Seite gebräunt ist). Auf diese Weise den gesamten Teig zu Pfannkuchen verarbeiten.

TIPP Die Brot-Pfannkuchen schmecken mit Tomatensauce (Rezept Seite 61) oder Chutney (Rezepte Seite 38–40).

Zutaten für 8 Pfannkuchen

10 Scheiben Brot
150–300 ml Milch
1 Zwiebel
2 Tomaten
1 rote Paprikaschote
1 grüne Chilischote
1 TL Ingwerpulver
1 gekochte Kartoffel vom Vortag
2 Eier
2 TL gehacktes Koriandergrün
Salz
½ TL Garam Masala (gemahlen)
½ TL Chilipulver nach Belieben
125–200 g Flusskrebsfleisch
(1–2 Packungen)
Öl zum Braten

Zubereitungszeit 40 Minuten

Süßes & Getränke

Obstsalat

1. Für die Marinade mischen Sie das Wasser und den Honig in einem Topf mit den Nelken und der Minze und lassen die Flüssigkeit kurz aufkochen. Dann die Mischung von der Kochstelle nehmen.

2. Für den Krokant legen Sie ein Stück Backpapier auf ein Backblech. Geben Sie Zucker und Wasser in eine Pfanne und lassen Sie die Masse unter Rühren hellbraun karamellisieren, die Sesamsamen dazugeben und die Mischung weiter karamellisieren lassen, bis die Masse mittelbraun ist. Dann auf dem Alupapier dünn ausstreichen und abkühlen lassen.

3. Schälen Sie für den Obstsalat die Orange bis ins Fruchtfleisch und lösen Sie die Filets aus den Trennhäutchen. Schälen Sie Kiwi, Banane und Mango. Schneiden Sie das Obst in mundgerechte Stücke.

4. Geben Sie die leicht abgekühlte Marinade über das Obst. Fügen Sie die Cranberrys hinzu. Den Obstsalat 1 Stunde im Kühlschrank ziehen lassen. Dann das Obst in einem Sieb etwas abtropfen lassen, die Nelken und Minzeblätter entfernen.

5. Richten Sie den Obstsalat schön auf vier Tellern an. Die Datteln entsteinen, klein schneiden und über das Obst streuen. Mit Zitronenmelisse und Krokant dekorieren und servieren.

Zutaten für 4 Portionen

Für die Marinade
200 ml Wasser
100 g Honig
10 Gewürznelken
1 EL Minzeblätter

Für den Krokant
100 g Zucker
5 EL Wasser
100 g weiße Sesamsamen

Für den Obstsalat
2 Orangen
1 Kiwi
Fruchtfleisch von ½ Mango
1 Banane
1 EL getrocknete Cranberrys
4 Datteln
Zitronenmelisse zum Garnieren

Zubereitungszeit 30 Minuten
Zeit zum Ziehen 1 Stunde

Kokosreis mit Mango

Zutaten für 4 Portionen

400 ml Kokosmilch (1 Dose)
480 ml Milch (1,5 % Fett)
50 g Zucker
110 g Basmatireis
1 reife Mango (oder 6 Aprikosen)
40 g Butter
50 g brauner Zucker
etwas Zimtpulver

Zubereitungszeit 45 Minuten

1. Geben Sie 320 ml Kokosmilch, die Milch und den Zucker in einem Topf und kochen Sie die Mischung unter gelegentlichem Rühren auf.

2. Den Reis in die kochende Milchmischung geben und alles zugedeckt auf niedriger Hitze köcheln lassen. Gelegentlich umrühren, damit der Reis nicht anbrennt. Nach etwa 35 Minuten ist der Reis fertig. Den Topf von der Kochstelle nehmen und den Reis offen abkühlen lassen.

3. Das Mangofruchtfleisch auslösen wie auf Seite 39 im Tipp beschrieben. Das Fruchtfleisch nach Belieben noch etwas kleiner schneiden. Erhitzen Sie die Butter in einer Pfanne, geben Sie den braunen Zucker und das Mangofruchtfleisch dazu. Alles kurz köcheln lassen und dann die restliche Kokosmilch dazugeben.

4. Geben Sie den kalten Reis in Schälchen und das Fruchtfleisch obenauf. Mit Zimt dünn bestäuben.

TIPP Sie trauen den Mangos aus dem Supermarkt nicht, und für den Weg zum Obsthändler ist gerade keine Zeit? Alternativ können Sie auch 6 vollreife Aprikosen verwenden, die Sie nach Belieben enthäuten. Dazu die Aprikosen kurz in kochendes Wasser geben, abschrecken und die Haut mit einem kleinen Messer abziehen.

Mango-Mousse

Zutaten für 4 Portionen

800 Mangofruchtfleisch
(von 3–4 reifen Mangos)
2 Eiweiß
200 g Sahne
1 EL gemahlene Gelatine
2 TL Puderzucker
2–3 TL Limettensaft

Zubereitungszeit 15 Minuten
Kühlzeit 4 Stunden

1. Pürieren Sie das Mangofruchtfleisch zu einem glatten Mus und stellen Sie dieses beiseite.

2. Schlagen Sie die Sahne halbsteif und in einer anderen Schüssel das Eiweiß zu steifem Schnee. Lösen Sie die Gelatine in heißem Wasser (gemäß Packungsbeilage) auf. Mit dem Puderzucker zum Eiweiß geben. Schlagen Sie die Masse weitere 1–2 Minuten.

3. Geben Sie nun den Limettensaft dazu und heben Sie die Sahne und das Mangomus vorsichtig unter. Füllen Sie die Masse in Schalen oder Gläser und stellen Sie sie 4 Stunden kalt.

Süßes & Getränke

KAREN KULINARISCH Während der Mangosaison, im späten Frühjahr, sind die köstlichen Früchte mit ihrem aromatisch süßen und leicht harzigen Geschmack in Indien vom Speiseplan nicht wegzudenken: Da gibt es Mangopüree als Beigabe und zum Dippen für frittiertes Brot, Mango-Chutney, das Gemüse und Fleisch begleitet, und als Dessert werden frisches Mangofruchtfleisch und Mango-Eis serviert.

Kardamomgrießbrei mit Kirschen und Cranberrys

1. Kochen Sie Milch und Wasser mit Zucker und dem Safranpulver auf.

2. Inzwischen braten Sie den Grieß in dem Ghee bei niedriger Hitze unter ständigem Rühren, bis er goldbraun ist, das dauert 10–15 Minuten.

3. Rösten Sie die Kardamomsamen in einem extra Topf bei niedriger Hitze etwa 5 Minuten, bis sie zu duften beginnen. Milch und den gebratenen Grieß zusammen mit den Kardamomsamen und den getrockneten Früchten miteinander vermischen. Wenn die Masse zu dickflüssig ist, sie mit etwas Wasser oder Milch verdünnen.

4. Zuletzt den Grießbrei mit ein paar Mandelblättchen bestreuen und servieren.

TIPP Sie können auch einen Teil der getrockneten Kirschen oder Cranberrys durch Rosinen ersetzen. Wenn der Grießbrei kalt wird, wird er fester. Sie können ihn auch in Förmchen füllen und diese dann stürzen.

Zutaten für 4 Portionen

300 ml Milch
50 ml Wasser
1–2 TL brauner Zucker
¼ TL Safranpulver
70 g Grieß
1 EL Ghee
3 grüne Kardamomsamen
je 2 EL getrocknete Kirschen und Cranberrys
1 EL Mandelblättchen

Zubereitungszeit 20 Minuten

Süßes & Getränke 137

KAREN KULINARISCH Indische Nachspeisen sind meistens pappsüß. Schon als Kind – und Kinder lieben ja bekanntlich Süßes – waren mir die Desserts zu süß. Diesen Grießbrei allerdings liebte ich. Heute mache ich ihn für meine Kinder. So werden wir das Rezept hoffentlich noch über Generationen vererben.

Passionsfruchteis

1. Legen Sie die Kastenkuchenform mit Frischhaltefolie aus. Erhitzen Sie Wasser für das Wasserbad in dem Topf.

2. Rühren Sie Ei, Eigelb und Zucker in der Metallschüssel mit einem Mixer schaumig. Stellen Sie die Schüssel auf den Topf mit dem heißen Wasser (keine Hitzezufuhr mehr nötig) und mixen Sie weiter. Die Menge in der Schüssel wird sich dabei verdoppeln. Die Schüssel aus dem Wasser nehmen.

3. Schlagen Sie in einer sauberen Schüssel die Sahne steif. Geben Sie die Hälfte zur Eimasse und heben Sie sie vorsichtig unter. Geben Sie die restliche geschlagene Sahne, das Passionsfruchtfleisch und den Zitronensaft dazu und heben Sie alles leicht unter. Geben Sie die Masse in die Kuchenform und stellen Sie diese über Nacht ins Gefrierfach.

4. Vor dem Anrichten die Erdbeeren waschen, entkelchen und in dünne Scheiben schneiden. Stürzen Sie das Eis auf eine Platte. Streuen Sie die Erdbeerscheiben und Minzeblätter darüber. Halbieren Sie die Passionsfrüchte und lösen Sie mit einem Löffel das Passionsfruchtfleisch heraus. Auf dem Eis verteilen. Das Passionsfruchteis sofort servieren.

Zutaten für 8–10 Portionen

1 Ei

2 Eigelb

100 g feiner Zucker

300 g Sahne

80 ml Passionsfruchtfleisch (von etwa 6 Passionsfrüchten)

2 TL Zitronensaft

130 g Erdbeeren

1 EL Minzeblätter

2 Passionsfrüchte

Außerdem

Metallschüssel und passenden Topf für ein Wasserbad

Kastenkuchenform (20 cm Länge)

Zubereitungszeit 35 Minuten
Gefrierzeit über Nacht

Kokoskuchen
mit Maracuja-Topping

Zutaten für eine Springform von 24 cm Ø

Für den Teig

125 g weiche Butter plus Butter für die Form
120 g Zucker
3 Eier
200 g Mehl
1 EL Backpulver
etwas Salz
200 g Sauerrahm
50 g Kokosraspel

Für das Maracuja-Topping

4–5 EL Kokosraspel
3 Maracujas
120 g Puderzucker
75 g weiche Butter

Außerdem

feines Sieb zum Passieren

Zubereitungszeit 30 Minuten
(fällt z. T. in die Backzeit)
Backzeit 50 Minuten

1. Streichen Sie die Springform mit Butter aus und legen Sie sie mit Backpapier aus. Heizen Sie den Ofen auf 170 °C vor.

2. Verrühren Sie Butter, Zucker und Eier und schlagen Sie die Masse cremig. Sieben Sie dann das Mehl und das Backpulver darauf. Geben Sie Salz, den Sauerrahm und die Kokosraspel dazu und verrühren Sie alles. Geben Sie die Mischung in die Form und backen Sie den Teig im Ofen (Mitte) 45–50 Minuten (am besten eine Garprobe mit einem Holzstäbchen machen).

3. Während der Kuchen backt, rösten Sie die Kokosraspel für das Topping in der Pfanne ohne Fett leicht an. Die Flocken sollten nicht braun werden.

4. Lösen Sie mit einem Löffel das Fruchtfleisch aus den Maracujas und streichen Sie es durch ein feines Sieb. Den Fruchtsaft dabei auffangen und auch die im Sieb verbliebenen Kerne aufbewahren.

5. Rühren Sie den gesiebten Puderzucker mit der Butter schaumig und mischen Sie etwas Fruchtsaft darunter. Nun verteilen Sie die Masse auf dem fertigen Kuchen. Streuen Sie dann sofort die gerösteten Kokosraspel und die Kerne darauf.

Kokos-Schokoladen-Kuchen

Zutaten für eine Springform von 24 cm Ø

80 g Kokosraspel
200 g Mehl + Mehl für die Form
50 g Maismehl
1 EL Backpulver
100 g Puderzucker
½ TL Salz
1 Päckchen Vanillezucker
50 g Butter + Butter für die Form
375 Kokosmilch
3 EL Sahne
1 Ei
2 EL Vanille-Extrakt
100 g gehackte Mandeln
3 EL Mandelblättchen
30 g Schokoladenglasur

Zubereitungszeit 30 Minuten
Backzeit 45–50 Minuten
plus Zeit zum Abkühlen

1. Rösten Sie die Kokosraspel in der Pfanne bei mittlerer Hitze unter Wenden nur hellbraun an und lassen Sie sie abkühlen. Fetten Sie eine runde Kuchenform ein und bestäuben Sie sie mit Mehl.

2. Sieben Sie alle trockenen Zutaten (Mehl, Backpulver, Maismehl, Puderzucker und Salz) in eine Schüssel und geben Sie die gerösteten Kokosraspel – bis auf 2–3 EL für die Glasur – und Vanillezucker hinzu.

3. Den Backofen auf 180 °C vorheizen. Schlagen Sie die Butter mit dem Handrührgerät auf. Geben Sie die Kokosmilch und die Sahne dazu, mixen Sie alles und geben Sie dann das Ei hinzu. Alles kurz aufschlagen. Mischen Sie die flüssigen Zutaten zu den trockenen. Fügen Sie Vanille-Extrakt und gehackte Mandeln hinzu und mischen Sie alles mit einem Löffel gut durch.

4. Geben Sie die Masse in die Kuchenform und streuen Sie die Mandelblättchen darüber. Backen Sie den Kuchen im vorgeheizten Ofen (Mitte) 45–50 Minuten (Garprobe mit einem Holzstäbchen machen).

5. Die Schokoladenglasur schmelzen. Wenn der Kuchen etwas erkaltet ist, aus der Form nehmen. Beträufeln Sie den Kuchen mit der Glasur und streuen Sie die zurückbehaltenen Kokosraspel auf die noch warme Glasur.

Milchbällchen
mit Aprikosenmus

1. In einem Topf die Milch mit der Kardamomkapsel leicht erwärmen. Fügen Sie Milchpulver, Mehl, Backpulver und Ghee zu und und mischen Sie alles zu einem homogenen Teig. Formen Sie aus dem Teig Bällchen von etwa 2 cm Durchmesser.

2. Erhitzen Sie Öl in einer Fritteuse auf mittlerer Hitze oder einem Topf (an einem hineingehaltenen Holzstäbchen sollten Bläschen aufsteigen). Backen Sie die Bällchen im heißen Fett aus, sie sollten goldbraun sein. Die Bällchen auf Küchenpapier abtropfen lassen.

TIPP Meine Familie isst dazu immer einen Sirup, aber der ist mir persönlich zu süß. Ich bevorzuge Vanillesauce oder ein Aprikosenmus, das ganz einfach zubereitet ist:

3. Für das Aprikosenmus die Aprikosen mit heißem Wasser überbrühen, kurz darin liegen lassen. Inzwischen das Mangofruchtfleisch von Kern und Schale lösen und klein schneiden. Aprikosen kalt abschrecken, die Haut abziehen, die Früchte entsteinen. Aprikosenhälften klein schneiden und mit dem Mangofruchtfleisch mischen.

4. Kochen Sie den Traubensaft mit der Zitronenschale, dem Bittermandelöl, dem Zucker und Mangopulver bei geringer Hitze auf. Geben Sie die Obstmischung dazu und garen Sie sie darin in etwa 10 Minuten weich. Die Zitronenschale entfernen, das Mus abkühlen lassen, mindestens 1 Stunde im Kühlschrank kalt stellen.

Zutaten für 4 Portionen

Für die Milchbällchen

250 ml Milch

1 grüne Kardamomkapsel

170 g Magermilchpulver

50 g Mehl

1 TL Backpulver

1 EL Ghee

Öl zum Frittieren

Für das Aprikosenmus

450 g Aprikosen

1 Mango

200 ml Traubensaft

etwas abgeriebene Zitronenschale

5–8 Tropfen Bittermandelöl

2 EL Zucker

1 TL Mangopulver

Milchbällchen:
Zubereitungszeit 20 Minuten

Aprikosenmus:
Zubereitungszeit 40 Minuten
Kühlzeit 1 Stunde

Süßes & Getränke **143**

Mango-Lassi

Zutaten für 4 Portionen

200 g Joghurt
130 g Buttermilch
250 g frische reife Mango
2 TL Zucker
Mangoscheiben und Minze zum Garnieren

Außerdem

Mixer

Zubereitungszeit 10 Minuten

1. Die Mango schälen. Das Fruchtfleisch vom Kern schneiden – nach Belieben vier dünne Fruchtscheiben für die Garnitur abschneiden – das restliche Fruchtfleisch grob würfeln.

2. Pürieren Sie die Mangostücke zusammen mit dem Joghurt und der Buttermilch im Mixer und füllen Sie das Lassi dann in Gläser. Mit Mangoscheiben und Minzeblättern garnieren.

TIPP Wenn Sie ein Lassi gerne sehr dickflüssig mögen, einfach zunächst weniger Joghurt und Buttermilch verwenden und nach Bedarf noch etwas zufügen.

KAREN KULINARISCH Göttlich schmeckt eine reife, saftige Mango. Und wahrhaftig göttlich ist die Frucht in Indien sowohl den Hindus wie auch den Buddhisten. Sie verbinden die Mango mit Langlebigkeit, Stärke und Würde.

Salziges Lassi

1. Rösten Sie den Kreuzkümmel in einer Pfanne bei mittlerer Hitze unter Wenden an, bis Sie das Aroma riechen können. Die Samen abkühlen lassen und anschließend im Mörser zerstoßen.

2. Mischen Sie alle Zutaten im Mixer, gießen Sie das Lassi in Gläser und dekorieren Sie sie mit Minze. Das Lassi bis zum Servieren kalt stellen.

TIPP Sie können anstelle von Zitronensaft auch Ingwer verwenden. Der bringt erfrischende Schärfe mit. Dafür ein Stück geschälte sehr frische Ingwerwurzel feinst reiben und zum Lassi geben.

Zutaten für 4 Portionen

1 TL Kreuzkümmelsamen
450 g Naturjoghurt (1,5 oder 3,5 % Fett)
450 ml kaltes Wasser oder kalte Milch
½–1 TL Salz, 1–2 TL Zitronensaft
frische Minze zum Garnieren

Außerdem
Mixer

Zubereitungszeit 10 Minuten

Süßes & Getränke 145

KAREN KULINARISCH Dieses sehr erfrischende Lassi ist mein idealer Durstlöscher an heißen Tagen. Ich mag es gerne sauer, darum gebe ich immer reichlich Zitronensaft in dieses Joghurtgetränk.

Erdbeer-Lassi

1. Die Erdbeeren verlesen, kalt abbrausen und entkelchen. Pürieren Sie die Erdbeeren mit dem Zucker und geben Sie dann Milch und Joghurt dazu, nach Belieben noch einige Eiswürfel.

2. Alles gut pürieren und in Gläsern anrichten. Mit frischen Erdbeeren und Minzeblättern anrichten.

TIPP Mit nur 2 TL Zucker ist dieses Lassi wirklich sparsam gesüßt. Falls Sie nicht ganz so aromatische Beeren haben, süßen Sie etwas stärker. Vollrohrzucker (Demerara) verleiht dem Lassi ein zartes Karamellaroma.

Zutaten für 4 Portionen

10 sehr aromatische Erdbeeren
2 TL Zucker
75 ml kalte Milch
200 g kalter Joghurt
3–4 Eiswürfel nach Belieben
Erdbeeren und Minzeblätter zum Dekorieren

Zubereitungszeit 10 Minuten

Süßes & Getränke

KAREN KULINARISCH Erdbeeren sind auf indischen Märkten erst seit einigen Jahren in größeren Mengen zu finden, doch die süßen Beeren erfreuen sich inzwischen in Indien großer Beliebtheit. Das bedeutendste indische Erdbeeranbaugebiet liegt östlich von Mumbai, – so war es für Erzeuger und Verarbeiter der köstlich-saftigen roten Beeren ein Leichtes, massenhaft Besucher für ihre Erdbeerfeste – und für ihre Erdbeeren sowie die daraus hergestellten Produkte – zu begeistern.

Gewürz-Tee

Zutaten für 2 Tassen

400 ml Wasser
2 Teebeutel schwarzer Tee oder Earl-Grey-Tee
3 Gewürznelken
1 Msp. Kardamompulver oder 3 ganze Kardamomsamen
1 Zimtstange
½ TL gehackter Ingwer
½ TL Fenchelsamen
Zucker und Milch nach Bedarf

Zubereitungszeit 10 Minuten

1. Kochen Sie mit der angegebenen Menge Wasser in einem großen Topf einen Schwarztee bzw. Earl-Grey-Tee. Lassen Sie ihn kurz ziehen, dann die Teebeutel wieder entfernen. Geben Sie nun die Gewürze hinzu und lassen Sie den Tee 1 Minute köcheln.

2. Gießen Sie den Tee durch ein Sieb in zwei Tassen. Geben Sie nun Zucker und Milch nach Bedarf hinzu. Heiß servieren.

TIPP Wer es scharf liebt, fügt der Gewürzmischung noch ein paar Pfefferkörner hinzu. Und auch ein wenig frisch geriebene Muskatnuss macht sich hervorragend in der Tee-Gewürzmischung.

KAREN KULINARISCH Bei uns zuhause, wie auch in Indien werden Milch und Zucker bereits vor dem Portionieren zum Gewürztee gegeben. Hierzulande habe ich die Erfahrung gemacht, dass die Leute es lieber haben, wenn sie selbst nach Geschmack süßen und Milch zugeben können. Beides mildert den Gewürzgeschmack und rundet ihn harmonisch ab.

Brombeer-Orangen-Eistee

1. Am Vortag die Eiswürfel vorbereiten: Orangen heiß waschen und abtrocknen. Von 1 Orange eine Hälfte mit Schale quer in dünne Scheiben schneiden. 1–2 davon in Stücke schneiden, die in die Eiswürfelmulden passen. Pressen Sie den Saft der übrigen 1 1/2 Orangen aus. In 6 Eiswürfelmulden Orangensaft füllen, in weitere 6 Wasser. In die letzten 6 Mulden je 2 Brombeeren mit Orangenscheibenstücken und Wasser geben. Die Eiswürfelbehälter ins Gefrierfach stellen.

2. Bereiten Sie ebenfalls am Vortag oder mindestens 5 Stunden vor dem Servieren den Tee zu: 1 l Wasser aufkochen, Topf vom Herd ziehen, die Teebeutel hineingeben und alles zugedeckt etwa 10 Minuten bzw. nach Teebeutelanweisung ziehen lassen. Den Tee vollständig abkühlen lassen.

3. Geben Sie inzwischen die Brombeeren mit 250 ml kaltem Wasser und dem Zucker in einen Topf. Die Mischung aufkochen, köcheln lassen, bis die Beeren zerfallen. Drücken Sie die Beeren durch ein Sieb und geben Sie sie zum Tee. Den abgekühlten Tee etwa 4 Stunden kalt stellen.

4. Zum Servieren in 6 Gläser jeweils 3 unterschiedliche Eiswürfel geben (Orange, Wasser, Brombeer-Orangenschale). Mit der Teemischung aufgießen, die Gläser mit den übrigen Orangenscheiben dekorieren.

TIPPS Soll der Tee intensiver schmecken, lieber mehr Teebeutel verwenden als den Tee länger ziehen zu lassen – er wird sonst bitter. Wenn Sie den Eistee besonders hübsch anrichten möchten, servieren Sie die Gläser mit Orangenzuckerrand (oberen Glasrand zuerst in Orangensaft, dann in Zucker tauchen) und mit Orangenscheiben und Minze dekoriert.

Zutaten für 6 Portionen

2 unbehandelte Orangen

300 g Brombeeren (frisch oder tiefgefroren)

1 ¼ l Wasser

3 Beutel Jasmintee

5–6 EL Zucker

Außerdem

Eiswürfelbehälter für 18 große Eiswürfel

feines Sieb

**Vorbereitungszeit über Nacht
Zubereitungszeit 20 Minuten
Kühlzeit 5 Stunden**

150 Kolumne

Indisches Küchenlexikon

Hinweis zur Aussprache: Da die indischen Bezeichnungen für Gerichte, Zutaten und Zubereitungen auf dem Umweg über das Englische Eingang in die deutsche Sprache gefunden haben, kommt es den meisten indischen Ursprungswörtern am nächsten, wenn man sie englisch ausspricht: So wird also »Paneer« wie »panihr« ausgesprochen, »Ghee« wie »gih«, »Curry« in etwa wie »kari« und »Tandoor« wie »tanduur«.

ALOO gesprochen »aluu«; Kartoffeln. Sie gehören in allen Regionen Indiens zu den Grundzutaten in der Küche. Bekannt sind frittierte Kartoffelbällchen »Aloo bonda«, »Aloo voda« oder auch »Aloo gobi« (Kartoffeln und Blumenkohl).

BIRYANI Reisgericht mit persischen Wurzeln. Dafür wird gewürzter Reis gebraten und mit gewürztem Fleisch (Hähnchen, Lamm oder – für muslimische Inder – auch Rind). Gebratene Zwiebeln und Nüsse verfeinern das Gericht. Je nach Geschmack und auch Region kann mehr oder weniger Chili zugesetzt sein und/oder Rosinen.

CHAI indischer (Gewürz-)Tee, eigentlich Masala Chai; er wird in Indien nach dem Essen genossen und besteht aus starkem schwarzem Tee, Milch, Gewürzen und Zucker.

DAL Hülsenfrüchte. Sie sind in der überwiegend vegetarischen Küche Indiens eine wichtige, häufige Zutat und Lieferanten von hochwertigem Eiweiß. Es werden viele verschiedene Dal-Sorten zubereitet, z. B. Chana Dal (Kichererbsen), Masur Dal (rote Linsen), Mung Dal (Mungbohnen), Toor Dal (Straucherbsen), Urad Dal (sehr kleine, meist schwarze, manchmal auch grüne Urdbohnen).

GHEE gesprochen »gih«. Butterschmalz. Es ist in der indischen Küche unverzichtbar. Im Ayurveda, der traditionellen indischen Heilkunst, werden dem Ghee verschiedene positive Wirkungen zugeschrieben, unter anderem soll es verdauungsfördernd, appetitanregend, entgiftend und entzündungshemmend wirken. Allerdings muss ayurvedisches Ghee

Ein Dal aus roten Linsen, mit Koriander und Joghurt verfeinert.

154 Glossar

nach genauen Regeln hergestellt werden. Für den weltlichen Zweck des Kochens können Sie auch das hierzulande gebräuchliche Butterschmalz verwenden. Auch dieses ist quasi wasser-, eiweiß- und milchzuckerfrei.

KORMA Zubereitung aus der Mogulenküche, bei der die Zutaten (Gemüse, Fleisch) in einer Sauce aus Joghurt, Nüssen, Kokosmilch und Gewürzen geschmort werden.

KULFI Die indische Eisspezialität wird aus Rahm hergestellt, der traditionell mit Safran, Kardamom, Rosenblättern oder Pistazien aromatisiert ist. Da die Rahmmasse nicht aufgeschlagen wird, gefriert sie härter und dichter und schmilzt langsamer als unser klassisch mit aufgeschlagener Eiercreme hergestelltes europäisches Eis bzw. Parfait. Der Rahm verleiht Kulfi seinen charakteristischen feinen Geschmack.

LASSI ein erfrischendes relativ saures Joghurtgetränk, das es sowohl in salzigen wie auch in fruchtig-süßen Varianten gibt. In Indien genießt man Lassi vorwiegend als Zwischenmahlzeit, hierzulande wird es gerne auch zu scharfen Gerichten genossen, weil es die Schärfe mildert.

MASALA Gewürzmischung. Von Region zu Region, von Familie zu Familie anders zubereitete Gewürzmischungen, die es in Indien in schier unglaublicher Vielfalt gibt: mal erfrischend, mal wärmend, von süßlich-aromatisch über mildwürzig, bis scharf. Bekannte indische Gewürzmischungen sind das nordindische Garam Masala (»heiße Mischung«

Fruchtig-würziger Break: ein Mango-Lassi mit Kardamom-Aroma.

unter anderem mit Pfeffer, Zimt, Nelken). Aus dem Nordwesten des Landes stammt Tandoor Masala mit seinen Hauptzutaten Chili, Kreuzkümmel, Koriandersamen und Safran. Es wurde in Joghurt gerührt zum Marinieren von Fleisch verwendet, bevor man dieses im Tandoor-Ofen garte – und diesem seine charakteristische gelborange Farbe verlieh. Heute wird der Gewürzmischung vielfach Lebensmittelfarbe statt teurer Safran zugegeben.

PAKORA in einer knusprigen Teighülle ausgebackene Gemüse oder Paneer. Für Gemüse-Pakora werden häufig Mischungen von Zwiebeln mit Aubergine oder Kartoffeln mit Kochbananen oder Spinat oder Blumenkohl verwendet. Ausschließlich mit Zwiebeln zubereitete Pakoras heißen »bhajji«.

PANEER gesprochen »panihr«, ist indischer Frischkäse aus gesäuerter und dadurch dickgelegter Kuhmilch, den man auch leicht selbst herstellen kann (siehe das Rezept auf Seite 92). Je nachdem wie stark er gepresst wird, ist der Frischkäse härter oder weicher, mehr oder weniger krümelig bis schnittfest, in etwa vergleichbar mit italienischem

Glossar **155**

Vegetarischer Klassiker: Paneer mit Erbsen in würziger Sauce.

Ricotta. Paneer kann zu und in süßen oder salzigen Gerichten verarbeitet werden. Etwa als Zutat zu Currys, als Ergänzung zu Gemüsegerichten oder für Ras Malai, eine klassische indische Süßspeise, für die Paneer-Klößchen in kardamomaromatischen Rahm gesetzt werden.

PUL(L)AO mit Gewürzen und Zwiebeln angebratener und mit Hülsenfrüchten, auch Hähnchenfleisch oder Lamm fertig geschmorter Reis. Dieses Gericht ist die indische Version von Pilaw, dem im gesamten Orient, von der Türkei bis zum indischen Subkontinent verbreiteten Reisgericht – je nach Region mit anderen Gewürzen bzw. Gemüsen zubereitet.

RAITA würzig-erfrischende Joghurtspeise, die in Nordindien als Begleitung zu indischen Currys, zu Reis oder Brot gereicht wird. Eine Raita wird vorzugsweise mit Koriander, Kreuzkümmel und/oder Chili gewürzt, sie hat manchmal mehr die Konsistenz einer Sauce, mal ähnelt sie eher einem Gemüsesalat, in jedem Fall aber schmeckt sie erfrischend würzig. Gemüse- und Obstzutaten können neben Gurke auch Zwiebeln, Karotten, Papaya oder auch Ananas sein.

ROTI indisches Wort für Brot ganz allgemein; zu Fladen gebacken, hergestellt aus ohne Triebmittel angerührtem Mehlteig. Es gibt je nach Region die verschiedensten Brote:

Bhatura frittiertes weiches Brot aus Weizenmehlteig. Er wird mit Joghurt und Hefe zubereitet und geht beim Ausbacken auf wie ein Ballon.

Chapati in der Pfanne knusprig ausgebackenes Fladenbrot, bildet beim Backen charakteristische Blasen und ist innen hohl. Der Teig dafür wird aus Weizenvollkornmehl (»atta«) und Ghee, ohne Backtriebmittel zubereitet.

Dosa(i) Fladenbrot aus einem Teig aus Reismehl und/oder gemahlenen Hülsenfrüchten, Joghurt und Ghee hergestellt. Es wird dünn in der Pfanne ausgebacken, ist weich und von mildem Geschmack.

Brot wird in Indien zum Aufnehmen der saucigen Speisen verwendet.

Idli Gedämpfte kompakte Brötchen aus Reis- und teilweise auch Hülsenfruchtmehl.

Naan traditionell im Tandoor gebackene Weizenbrotfladen, der Weizenmehlteig wird mit Joghurt, Hefe und Ghee zubereitet, die Fladen sind weich und von mildem Geschmack.

Papadams knusprige Fladen, Grundlage ist ein pikant gewürzter Teig aus Hülsenfruchtmehl oder Reismehl und Öl.

Paratha dünnes, in der Pfanne in Ghee ausgebackenes Fladenbrot aus einem Teig aus Weizenmehl und Ghee. Es ist weich, schmeckt mild mit feinem Butteraroma.

Puri frittiertes Brot, häufig aus Chapati-Mehl (»atta«), also Weizenvollkornmehl, aber auch teilweise aus Auszugsmehl bzw. -schrot und Salz, ohne Triebmittel zubereitet. Der Teig wird rund ausgerollt oder ausgestochen und geht beim Frittieren ballonartig aus.

SAMOSAS knusprig frittierte gefüllte Teigtaschen von typischer dreieckiger Form. Die Minipastetchen können mit einer würzigen Mischung beispielsweise aus Kartoffeln, Zwiebeln, Hülsenfrüchten und Lamm- oder Rinderhack oder gehacktem Geflügelfleisch gefüllt werden. Man serviert sie zumeist mit Chutney.

TANDOOR gesprochen »tandur«; indischer Tonnenofen, traditionell aus Ton gefertigt, und von oben mit Brennmaterial und Gargut beschickt. Moderne Tandoor-Öfen sind aus Metall und sind entweder gasbeheizt oder kohlebefeuert (in diesem Fall ist die Brennkammer vom Garraum getrennt).

TIKKA Hindi-Wort für Stücke. Chicken Tikka ist ein in der indisch-pakistanischen Grenzregion traditionelles Gericht aus in Joghurt-Gewürz-Marinade eingelegten und anschließend im Tandoor gebackenen Hähnchenstücken. Die britische Küche hat daraus ein Chicken Tikka Masala gemacht, ein Gericht, das in die britische Küche aufgenommen wurde wie kein anderes ausländisches. Charakteristisch ist die würzige Tomatensauce, in der die marinierten Hähnchenstücke serviert werden.

VINDALOO Schweinefleisch-Curry, sauer-scharf mit Knoblauchnote. Ein Gericht aus Goa, das jahrhundertelang portugiesisch war und das einiges an portugiesischen Küchentraditionen übernommen hat. Das indische bzw. englische Wort »vindaloo« (portugiesisch »vindalho« geschrieben) ist eine Verballhornung des ursprünglich portugiesischen Namens des (Schweine-)Fleischgerichts: »carne em vinha d'alhos« – »Fleisch in Knoblauchwein«.

Chicken Tikka Masala, von den Briten erfundener britischer Klassiker.

Register

Rezeptregister

Auberginen-Pickles 42
Avocado-Raita 37

Blumenkohlgemüse 81
Brombeer-Orangen-
   Eistee 149
Brot-Pfannkuchen mit
   Flusskrebsfleisch 129
Brot, In Öl gebratenes 57
Butter Chicken, Kurz
   mariniertes 100
Butter-Hähnchen 99

Champignoncurry mit
   Erbsen 75
Chapati 50
Chicken Biriany 97
Chili und roter Zwiebel,
   Gemischter Salat mit 28
Chutney
   – Erdnuss- 43
   – mit Knoblauch und
      Kurkuma 40
   – mit Mango und
      Rosinen 39
   – Tomaten- 38
Currygemüse mit
   Mangopulver 80

Dal
   – mit Spinat 84
   – mit roten Linsen 82
   – Toor 83

Entencurry mit Tama-
   rindensauce 110
Erdbeer-Lassi 147
Erdnuss-Chutney 43

Fischcurry, Grünes 125

Garnelen-Tempura 128
Gebratener Weißkohl 79
Gefüllte Paratha 53
Gemischter Salat mit
   Chili und roter
   Zwiebel 28
Gemüsebratlinge 77
Gewürzreis,
   Schneller 72

Gewürz-Tee 148
Grünes Fischcurry 125
Grünkohlsalat 31
Gurken-Chili-Salat 27
Gurken-Raita 36

Hackbällchen-Curry 120
Hackbällchen mit Pasta 115
Hackfleisch (zum Pepper
   Water) 123
Hähnchen-Gemüse- Wrap
   103
Hähnchen mit Cranberrys 98
Hähnchen mit roter
   Paprika 104

Indische Tomatensauce 61
Indischer Rindfleisch-
   burger 116
Indisches Steak 117
In Öl gebratenes Brot 57

Kardamomgrießbrei mit
   Kirschen und Cranberrys
   137
Karottensalat 30
Kartoffelbällchen,
   Vegetarische 78
Kartoffelcurry 74
Kartoffel-Paratha 52
Kichererbsen-Korma 87
Klassischer Tomatenreis 67
Kokoskuchen mit
   Maracuja-Topping 140
Kokosreis mit Mango 134
Kokos-Schokoladen-
   Kuchen 142
Koriander-Tomaten-Reis 70
Kurz mariniertes Butter
   Chicken 100

Lachscurry 126
Lachs mit Mango-Chutney
   127
Lassi
   – Erdbeer- 147
   – Mango- 144
   – Salziges 145
Lamm in Mandelsauce 105
Lamm mit Zimt und
   Nelken 107
Linsen mit Kürbis 86

Mango-Chutney, Lachs mit
   127
Mango-Chutney mit
   Knoblauch und
   Kurkuma 40
Mango-Chutney mit
   Rosinen 39
Mango-Lassi 144
Mango-Mousse 136
Mangopulver, Currygemüse
   mit 80
Milchbällchen mit
   Aprikosenmus 143
Minzebrot 63
Minz-Raita, Scharfe 34
Minzsauce 60

Naan, Klassisches 47
Naan mit verschiedenen
   Belägen 49

Obstsalat 133

Pakoras, Zwiebel- 55
Paneerkäse selbst gemacht 92
Paneer-Masala 93
Paneer mit Gemüse 90
Papadams aus dem Ofen 56
Paratha
   – Kartoffel- 52
   – Gefüllte 53
Passionsfruchteis 139
Pepper Water mit
   Tomaten 122
Pork Vindaloo 113
Pulao – Pilaw-Reis 71

Raitas
   – Avocado- 37
   – Gurken- 36
   – Scharfe Minz- 34
Rinderhackbällchen
   in Auberginen-
   Tomatensauce 119
Rindfleischburger,
   Indischer 116
Rindfleischkorma mit
   gerösteten Mandel-
   blättchen 108
Rindfleisch mit Erbsen 118
Rindfleisch-Vindaloo 112

Rote-Linsen-Dal 82
Roti – Korianderbrot 46

Salat, Tropischer 33
Salziges Lassi 145
Samosas 58
Schneller Gewürzreis 72
Snacks 44
Steak, Indisches 117

Tamarindensauce,
   Entencurry mit 110
Tofu mit getrockneten
   Tomaten 89
Tomaten-Chutney 38
Tomaten-Gurken-Salat 26
Tomatenreis, Klassischer 67
Tomatenreis mit
   Nüssen 68
Tomatensauce,
   Indische 61
Toor Dal 83
Tropischer Salat 33

Vegetarische Kartoffel-
   bällchen 78

Weißkohl, Gebratener 79

Zitronenreis 66
Zwiebel-Pakoras 55

Zutatenregister

Ananas 33
Aprikosen 134, 143
Asafoetida 38
Auberginen 42, 119
Avocados 37

Babymais 103
Bananen 33, 133
Basmatireis 66, 68, 70, 72,
   97, 134
Bittermandelöl 143
Blätterteig 58
Blumenkohl 80f.
Bockshornkleeblätter 90, 93
Bockshornkleesamen 42, 52,
   68, 70, 89
Bohnen, grüne 80
Brombeeren 149

Brotcroûtons 31
Butter 75, 93, 134, 140, 142
Buttermilch 144

Cashewnüsse 66, 68, 70f., 93, 125
Champignons 75
Cheddar 116
Chilischoten 26ff., 30, 34, 37, 40, 42, 46, 52f., 55, 58, 74f., 77ff., 82f., 86f., 89f., 97f., 103f., 107f., 110, 119ff., 122, 125f., 128f.
Cranberrys 31, 98, 116, 133, 137
Cumin 61, 81
Curryblätter 38, 42, 55, 68, 70, 78, 82f., 111ff., 122

Datteln 31, 133

Earl-Grey-Tee 148
Eier 103, 115, 128f., 136, 139f., 142
Eisbergsalat 28, 116
Ente 110
Erbsen 53, 58, 74f., 80, 89, 118, 123
Erdbeeren 139, 147
Erdnüsse 43, 68, 110

Fenchelsamen 55, 86, 125, 148
Fette siehe Butter, Ghee und Olivenöl
Fisch 125ff. siehe auch Lachs
Flusskrebsfleisch 129
Frühlingszwiebeln 26ff., 33, 90
Fusilli 115

Garam Masala 38, 53, 58, 61, 74f., 77, 81, 86f., 90, 98ff., 103f., 107f., 117f., 120, 129
Garnelen 128
Gelatine 136
Gemüsebrühe 67, 79f., 84, 98, 115
Gewürznelken 67, 71f., 93, 97, 99f., 105, 107, 112f., 133, 148
Ghee 38, 46, 50, 52f., 55, 58, 63, 66, 68, 70, 72, 74, 77f.,

80, 82, 84, 87, 89, 97ff., 103ff., 107f., 110, 113, 115, 117ff., 122f., 125f., 137, 143
Griechischer Joghurt 33
Grieß 137
Grünkohl 31

Hackfleisch 115f., 119ff., 123
Hähnchenfleisch 97ff., 103f.
Hamburger-Brötchen 116
Hefe 47, 57
Hokkaidokürbis 86
Honig 28, 31, 90, 100, 128, 133
Hühnerbrühe 111

Ingwer 27, 34, 39f., 42, 52, 60f., 72, 74f., 77, 81, 83f., 86f., 90, 93, 97ff., 103ff., 107, 112f., 115, 118, 120, 126, 128f., 148

Jasmintee 149
Joghurt 47, 49, 97, 99, 123, 144, 147 siehe auch Natur-joghurt und Griechischer Joghurt

Kardamom 67, 71f., 87, 93, 97, 99f., 105, 107f., 123, 125, 137, 143, 148
Karotten 28, 30, 77
Kartoffeln 52, 58, 74, 77f., 80, 118, 120, 129
Kichererbsen 68, 70, 87
Kirschen 98, 137
Kiwis 133
Knoblauch 40, 42, 49, 55, 60f., 71f., 74f., 77, 83f., 87, 93, 97ff., 103ff., 107f., 110, 112f., 115, 118ff., 122, 125f., 128
Kokosmilch 68, 70, 80, 87, 126, 134, 142
Kokosraspel 60, 86, 110, 125, 140, 142
Koriandergrün 26ff., 30, 34, 36ff., 46, 49, 52f., 55, 58, 60, 68, 70f., 74f., 77f., 80, 82f., 86, 90, 97ff., 103, 105, 107f., 111f., 115, 118ff., 123, 125f., 128

Kreuzkümmel 36f., 42f., 49, 68, 70ff., 74, 78, 83, 86f., 89, 97, 99, 104.f.f., 107, 110, 112f., 117, 119f., 122f., 125f., 145
Kürbis siehe Hokkaidokürbis
Kurkuma 40, 42, 61, 66, 68, 70f., 74, 78f., 81ff., 86, 93, 97ff., 103ff., 107, 111ff., 118ff., 123, 125f.

Lachs 126f.
Lammfleisch 105, 107
Langkornreis 71f.
Limettensaft 136
Linsen 82, 84, 86
Lorbeerblätter 97, 99, 123

Magermilchpulver 143
Mandelblättchen 30f., 108, 137, 142
Mandeln 87, 105, 142
Mango-Chutney 127
Mangopulver 52f., 80, 143
Mangos 31, 39f., 133f., 136, 143f.
Maracujas 140
Mehl 46f., 49f., 52f., 55, 57, 63, 78, 110, 115, 140, 142f.
Milch 97, 129, 134, 137, 143, 145, 147f.
Minze 34, 60, 63, 97, 119, 125, 133, 139, 144f., 147
Muskatnuss 105, 125

Natron 78
Naturjoghurt 33f., 36f., 60, 98, 100, 103, 105, 107f., 115, 145
Nelkenpulver 100, 120
Nudeln 115

Olivenöl 28, 31, 47, 127
Orangen 33f., 133, 149

Paneerkäse 53, 90, 92f.
Papadams 56
Paprikaschoten 33, 90, 103f., 115, 128
Passionsfrüchte 139
Pastinaken 77
Petersilie 86
Puderzucker 136, 140

Reis 67 siehe auch Basmati-reis und Langkornreis
Rigatoni 115
Rindfleisch 108, 112, 116ff.
Rosinen 39, 71

Safran 84, 137
Sahne 75, 93, 99, 136, 139, 142
Salatgurken 26ff., 33, 36
Sauerrahm 140
Schokoladenglasur 142
Schwarzer Tee 148
Schweinefleisch 113
Semmelbrösel 77
Senfsamen 28, 42, 58, 66, 68, 70, 74, 78, 79, 80, 83, 89, 111, 112, 113, 122
Sesamöl 128
Sesamsamen 110, 133
Sojasauce 128
Sonnenblumenkerne 86
Speisestärke 128
Spinat 84

Tamarindenpaste 43, 111, 119, 122
Tandoori Masala 99, 117
Tees 148
Tofu 89
Tomaten 26, 28, 33, 37f., 61, 67f., 70, 75, 82, 86, 89f., 93, 97, 99f., 104f., 107, 110, 112f., 115f., 119f., 122, 129
Tomatenmark 67f., 70, 80, 99, 118, 120
Toor Dal 83
Tortillafladen 103
Traubensaft 143

Vanille-Extrakt 142
Vanillezucker 142
Vollmilch 92
Vollrohrzucker (Demerara) 147

Walnusskerne 98
Weißkohl 79

Zimt 67, 71f., 86f., 93, 97, 99, 107, 112f., 123, 134, 148
Zitronenmelisse 133

Zutatenregister **159**

Impressum

1. Auflage
© 2013 by Südwest Verlag, einem Unternehmen der Verlagsgruppe Random House GmbH, 81673 München
Alle Rechte vorbehalten. Nachdruck – auch auszugsweise – nur mit Genehmigung des Verlags.

Hinweis
Alle Angaben erfolgen ohne Gewähr. Weder Autorin noch Verlag können für eventuelle Fehler oder Schäden, die aus den im Buch gegebenen praktischen Hinweisen resultieren, eine Haftung übernehmen.

Bildnachweis
Food-Fotografie
FOTOGRAFIE Anke Politt
FOODSTYLING Maren Jahnke
VORBEREITUNG STYLING Christine Mähler
FOTOASSISTENTEN Janet Hesse und Sascha Toske

People-Fotografie und Coverfoto
Christian M. Weiss und Sylwia Makris

People-Fotoproduktion Team
LEITUNG DER FOTOPRODUKTION Tanja Nerger
STYLING Katrin Nagelmüller (c/o Agentur Shine)
HAARE/MAKE-UP Max Roman

Alle Fotos stammen von Anke Politt (Foodfotos und Texturen S.60/61, S.74/75) und Christian M. Weiss (Peoplefotos und Texturen S.52/53, S.80/81), mit Ausnahme von:
CGTextures: S.38/39, S.46/47, S.66/67; Hansen, Jan-Dirk: S.3, S.26/27, S.30/31, S.36/37, S.42/43, S.70/71, S.78/79, S.82/83, S.86/87, S.98/99, S.112/113, S.122/123, S.126/127, S.136/137; Fotolia: S.0/1 (Christian Maurer), S.152 o. (Mariusz Prusaczyk); Istockphoto: S.2/3 (Rafal Cichawa), S.160/161 (brytta), Nachsatz (Ferran Traite Soler); lizenzfrei: S.152 u. (Gettyimages/Digital Vision); Shutterstock: Vorsatz (Rafal Cichawa)

Wir danken für die freundliche Unterstützung:

Outfits
ESCADA www.escada.com;
EUROPEAN CULTURE www.european-culture.it;
LE ROCK www.lerock.it;
MIRIAM MOELLER www.miriammoeller.com;
NANNA KUCKUCK – HAUTE COUTURE
RENÉ LEZARD www.rene-lezard.com

Schmuck
WEMPE Steinstraße 23, 20095 Hamburg (www.wempe.de);

Locations
BOLLYWOOD STORE
Augustenstr. 88, 80798 München (www.bollywood-store.com);
GALERIE SOIN
Leopoldstr. 116, 80802 München (www.galerie-soin.de);
GANGA RESTAURANT
Baaderstraße 11, 80469 München (www.gangarestaurant.de);
SARI EMPORIUM
Baaderstraße 62, 80469 München (www.sari-emporium.de)

MIX
Papier aus verantwortungsvollen Quellen
FSC® C012536
www.fsc.org

Autorenvita
KAREN WEBB wurde als Tochter einer deutschen Mutter und eines britisch-indischen Vaters in London geboren. Die Familie zog 1975 nach Nürnberg. Nach ihrem Studium der Betriebswirtschaftslehre sammelte sie erste Erfahrungen in der Medienbranche, u.a. beim Radiosender Antenne Bayern. Ab 1998 moderierte sie bei Sat.1 die Sendungen 17:30, Planetopia und das Sat.1-Frühstücksfernsehen. 2003 erfolgte der Wechsel zum ZDF. Nach der Moderation von ML Mona Lisa übernahm sie 2007 die Hauptmoderation des Peoplemagazins Leute heute. Webb moderiert u. a. jedes Jahr von der Oscarverleihung in Los Angeles, der Filmbiennale in Venedig und den Modenschauen in Paris. Außerdem ist sie die Adelsberichterstatterin des ZDF. Parallel zu ihrer Arbeit absolvierte sie ein Fernstudium der Politikwissenschaft, das sie 2009 erfolgreich abschloss. Aktuell macht sie ihren Master in Soziologie. Karen Webb ist seit 2010 Lehrbeauftragte der Universität München am Institut für Kommunikationswissenschaft.

REDAKTIONS- UND PROJEKTLEITUNG Susanne Kirstein
REDAKTION Claudia Lenz
LAYOUT, DTP/SATZ
Grafikdesign Hansen – Jan-Dirk Hansen
KORREKTORAT Susanne Langer
UMSCHLAG *zeichenpool, Milena Djuranovic, München
REPRODUKTION Regg Media GmbH, München
DRUCK UND BINDUNG Druckerei Theiss, St. Stefan im Lavanttal

Printed in Austria

Verlagsgruppe Random House FSC® N001967
Das für dieses Buch verwendete FSC®-zertifizierte Papier *Profimatt* liefert Sappi, Ehingen.
ISBN: 978-3-517-08941-6